社会的弱者との生配信ルポ

たぬかな

社会的弱者とは何なのか？

毒舌配信者の

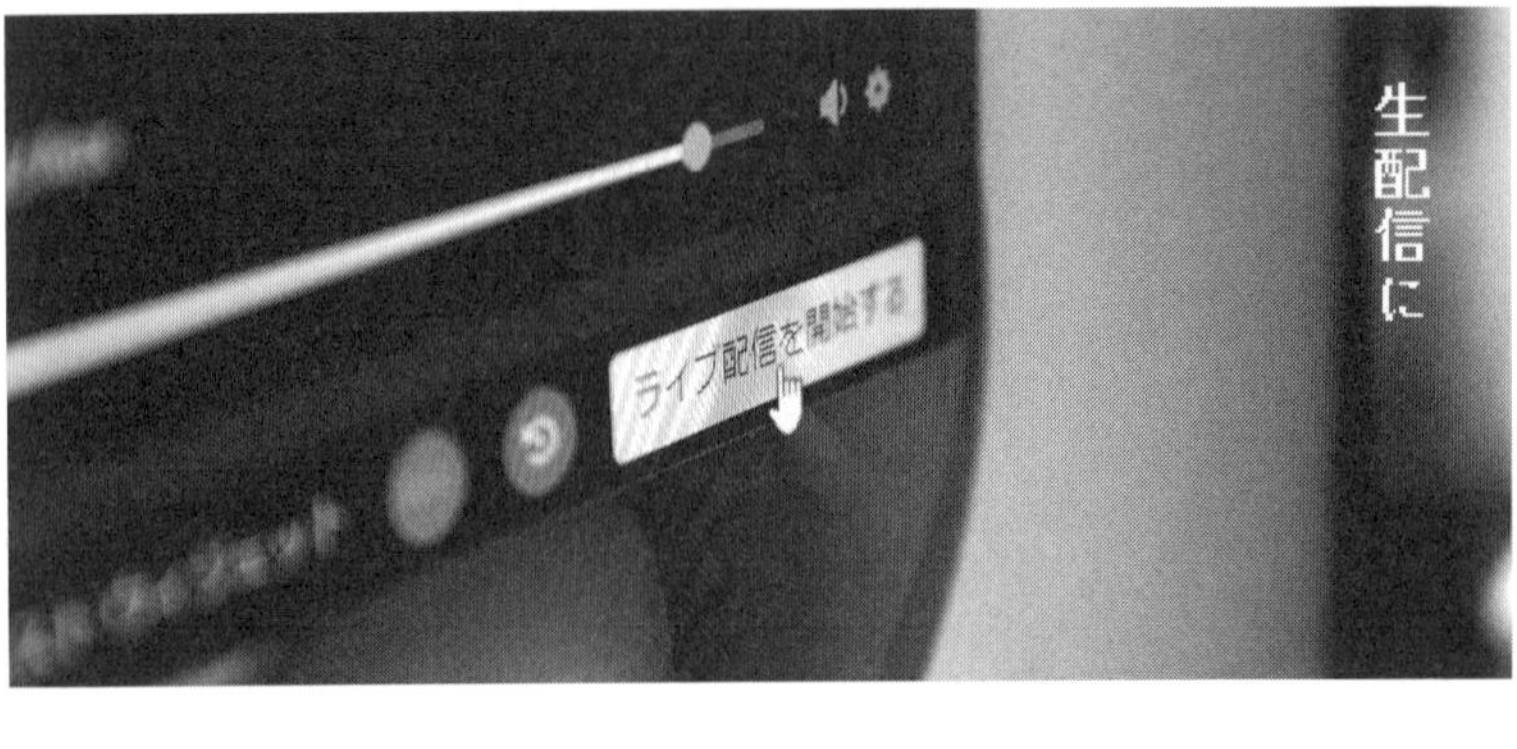

生配信に

なぜ集うのか?

目次

ルッキズム敗者

▼デブ

▼ブス

SNS魑魅魍魎

性的承認欲求乞食

社会的弱者

—LIFE—

ホビ男爵

デブはなんでチビよりアグレッシブなんだろう

カイエン乗りてぇ吉山

弱者男性とガチのブス女、どっちが人生厳しい？

たいすけくん

チビ事情を察してるたぬかなも、170㎝ないと人権ないって発言が危険なのは気づけなかったのか…

INDRE_893

178㎝だけど、配信見ていいんですか？

SINSI3

膝小僧刺すぞ

ルッキズム敗者

デブ

デブがチビより攻撃的な理由

デブってどう思う？

今の世はルッキズム全盛期で、見た目がいいだけで得することはいっぱいあるし、見た目が悪いだけで損することもいっぱいある。軽んじられたり、馬鹿にされたりな。チビ然り、デブもそういう対象だよな。

ただ、チビとデブで私に対する反応が違うんよ。チビは「１７０cm以下は人権ない」って言って炎上した私に純粋な憎しみを向けてくるヤツが多いんやけどさ、「チビがモテないのは事実」って諦めは持っとんねん。

小さい頃から、自分がチビであることを知っとるし、努力で身長を伸ばすには限界があることも理解しとる。「俺はチビやからモテん」って悲しみと「自分でどうにもできないことを言わんといてくれよ」って憎しみがあるんよな。

でも、デブは謎にポジティブなんよ。「デブなのは俺のせいじゃない」って主張して「僕は鬱の薬のせいで太ってるんで、デブは怠惰って言うのやめてもらっていいですか？」とかお気持ち表明するデブも、「ガリよりデブのほうがモテる。ガリのほうがいいなんて思い込み」なんて勘違いしとるデブもおる。

デブがモテるわけないやん。何言ってんの？

モテるっていうのは、多数の人から好かれるってことやろ。大多数から好かれるのはデブじゃなくてガリなんすよ、残念ながらね。なぜかそこを無視して「デブでもモテる！」って叫ぶ勘違いデブが多い。

デブ専がいるじゃん

デブ専なんて少ない少ない、マジで見たことない。なんで超少数派の意見を拾って「デブでもモテる！」って勘違いしてんのか、謎すぎるわ。

デブを擁護するのはデブしかおらんから、もう自分で擁護するしかなくて「デブを責めるヤツが悪い！」って他責思考になるんだよな。

デブはなんでチビよりアグレッシブなんだろう

チビよりもデブのほうが馬鹿にされるからじゃない？　X（旧ツイッター）でみんなのツイート見てても「チビはやっぱりかわいそう」「デブは自業自得」っていう意見が多いよ。

ルッキズム敗者は数あれど、デブが一番叩かれんねん。もともと太ってたヤツでさえ叩くからな。っていうか、デブを一番叩くのは痩せた元デブなんよ。「俺は努力して痩せられた。お前が痩せないのは怠惰だから」ってな。

喫煙者もそうやろ。禁煙に成功した途端、喫煙者を「タバコ吸ってるヤツは全員バカ」って勢いで罵倒するやんな。「俺ができたことをできないヤツはカス」って理論やねん。まあ、気持ちはわかるけどな。

デブは元デブからも叩かれ、そもそも太ったことない人とか体重が増えんように自己管理してる人からも叩かれ、マジで全方位から叩かれんねんな。

躍り出るスーパーポジティブ鬱デブ男

鬱で太ってる女の子はかわいそうだからいじめないで

病気の症状とか薬の副作用で太るのは仕方ないと思ってるよ。それに、大体の女は「モテ＝美しさ」って理解しとるから「鬱で太った私を愛さないヤツが悪い」とは言わん。「太っていたら愛されなくても仕方ない」って受け入れとるんよな。男だろうと女だろうと、自分が太っていることを受け入れて端っこで生きとるヤツには何も言わんよ。

でもな、スーパーポジティブ鬱デブ男が「薬の影響で太った俺をありのままに愛してくれない世間はおかしい」って一丁前に人権を主張してくるのは違うやろ。鬱かつデブかつおもんなくて金も持ってないヤツが、仕事もせず菓子パンを一生食ってるだけのくせに「俺を愛せ」って言ってくるのは意味がわからん。

ほかのデブがつらくても端っこで生きとるのに、なんで急に中心に踊り出てき

たデブが「みんな俺を愛せ！」って叫んでくんねん。なんで無条件に愛されると思ってんねん。「デブでも愛されたい」って言うんだったら、金を稼ぐなりおもろくなるなりして、外見以外でモテる努力をせなあかんやん。デブの芸人でモテてるヤツなんて死ぬほどおるやろ。

薬の影響で太ってしまったことが100％悪いとは思わんよ。だけど「そんな俺を愛せ」は無理やろ。そんなこと言うてくるクソデブなんて、絶対性格も悪いやん。しかも鬱持ちで、仕事も特にやってなくて、デブなんやろ？それで「愛してくれ」って、どこを愛したらいいんだよ。お前のセールスポイントは何なんって話。

私が弱者男性のみ対象にして開催した弱者合コンに出せとか言うてくるけど、さすがにそこまでイっとるヤツは助けてやれんわ。天は自ら助くる者を助く。自ら助かろうとしないヤツは助けられん。自分の欲求を抑えきれずに食べまくったヤツが偉そうに権利を主張してくるのは普通にムカつくわ。

さすがに努力しなすぎ。飲み物は常に白湯で、定期的に運動するくらいの努力

は当たり前じゃない？

そう、女はこれが普通ライン。男でさ、白湯飲んだことあるヤツおる？おらんだろ。お前ら絶対白湯とか飲まへんやろ。どうせゲータレードとか飲んでんねやろ、デブやし。マウンテンデューとか飲んでんねやろ、デブやし。ごはんのお供にコーラ飲むんやろ、デブやし。

鬱デブで一括りにしないで欲しい

はあ？じゃあ、どう括ってほしいわけ？「鬱デブは怠惰じゃない」って思ってほしいわけ？

別にお前が何を主張してもいいけど、周りからどう見られるかはわかってるよな？**お前が何を言おうが、他人は「鬱デブは怠惰」って思うねん。**だって鬱でも太ってない人もおるし、運動できる人もおるし、痩せてる人もおるからな。

お前はホンマにつらいんかもしれんけど、どんだけお前が「違う」って言ったって、周りからしたら「鬱を理由に家で好きなだけ食って太りまくったヤツ」にしか見えんねん。

そう思われるのを受け入れられるんだったら、デブのままでいいんじゃない？お前がどう生きるかはお前の勝手だから、一生自分で「俺は俺のせいでデブなんじゃない」って言い続けたらいいんじゃない？それでどう思われるかは人それぞれってだけや。

優しい人間は「そんなことないよ」なんて上っ面の言葉で慰めてくれるやろうな。SNSでお気持ち表明したら「鬱だから仕方ないもんね、しんどいもんね」ってコメントしてくれる人はようけおると思うよ。

けど腹ん中では「でもコイツと付き合ったり仲良くするのは無理やな。だって一生菓子パンとかカップ麺とか食ってて、肌も汚いし、臭いし」って思っとる。

上っ面は良い人間のふりしときたいから、優しげな言葉を言っとるだけや。

しかも、そうやってちょっといい人のふりをしてくれるヤツって、実際にはお前と関わってくれへんやん。お前と付き合わへんやん。結婚せえへんやん。友達にもなってくれへんやん。だってお前が鬱デブでキモいから。

痩せないなら誇り高きデブになれ

怒り狂った鬱デブくんからお気持ち表明DMが来たので、読みますね。

副作用で痩せにくいのですが、わざわざデブ批判をされると心が痛みます。食事制限も運動もしていますが、痩せにくい人もいるんで、いちいち言わなくてもいいのでは？　何様のつもりで弱者男性とかいうワードを使ってるか知りませんが、人の容姿だけでいろいろ言うのをやめてくれません？　努力しても副作用で苦しんでいる人がいることを考えてください

デブがうるせえよ！見た目でごちゃごちゃ言うなって主張しとるけど、じゃあ何でお前はデブが叩かれたときだけ文句言うねん。だれかがブスな女を叩いたときは何も言わんくせに、なんで私がデブを叩いたときだけ急に出てくるねん。見苦しいなァ、デブ！

たぬかなさんが無知なのはわかるんですけど、薬のせいで太ってる人もたくさんいるってことを忘れないでください

そんなんごくごくごく一部だから。あんな、「薬のせいで〜」なんて言い訳するぐらいだったら、デブ辞めろよ。**「俺は自分がデブでありたいからデブなんだ」ぐらいの心がないんだったらデブ辞めろ。**

「自分はホンマに美味しいもん食いたいから我慢できへん！それでデブになるんだったらしゃあないわ！俺はもう一生太って生きる！」くらい言い切ったらいいのに、それをさも自分のせいではないかのように言ってくんのがマジでキモいわ。

友達メンクリ*通いになってからめちゃくちゃ太ったから、薬で太るのは多少しょうがないと思う

＊メンクリ：メンタルクリニック

病気とか薬で太ること自体はしょうがないんやで。ただ、デブが「俺は悪くない、理解しない他人が悪い！」って人のせいにしてくんのがキモい。だってそうやって他人を攻撃するくせに、他人に構ってほしいと思ってるやん。そんなお前に、一体だれが構ってくれるんだろうな。お母さんか？せいぜいメンクリの先生ぐらいや。

でもそんなんつらいやん。客とか金とか関係なく、一人の人間として相手してほしいやろ。だったら、鬱でしんどくても運動するとか食事制限するとかさ、がんばらなあかんやん。

そうは言ってもがんばれへんのが鬱なんやな、お前の中ではな。わかった、じゃあ「俺は鬱だから」ってずっと言い訳しながら誰にも相手にされんまま死んでいけばいいやん。別にそういう道だってあるよ。一生言い訳しながら生きんねん。

それじゃ悲しいから「どっかで今の自分に見切りをつけて、がんばって他人と関われる人間になれ」って勧めてんのに、お前らデブは「いや無理無理無理無理」「いやでもでもだって」しか言わん。

じゃあもう胸張って本気でデブやれよ。遊びでデブやってんちゃうやろ、お前

ら。デブやるんだったら、誇り高きデブになれ。

ま、大体のデブは「俺が太ってるのは俺のせい、仕方ない」って受け入れてるんやけどな。

> 168センチ90キロの鬱デブやけど、今の自分を愛してくれる人なんていないと思ってる

そうやって自分でわかってたらいいねん。**お前だって、168センチ90キロの鬱デブを愛せへんやろ。チビデブの鬱女、愛せる？** 愛せへんよな。顔も別にキレイなわけじゃなく、金も持ってなかったら、愛せへんよな。「鬱デブでも愛される」とは思えんからこそ「デブな自分を大事にしてくれる人を大事にしよう」って自分の周りの世界を大事に生きていったらいいやん。なのに世間が悪いってキレたり、俺のせいじゃないって社会のせいにするデブがキモいってだけ。慎ましく鬱デブしとるお前のことは、別に責めてないよ。

鬱デブをオーバーキルしてる

罵倒しすぎて焦土と化してしまったな。あいつらすぐ怒るから、今日はもう疲れたわ。チビはもっと温厚だったぞ。あとから怒りのＤＭを送ってくるのもやめろよな。

デブでいたいならもう「僕は誇りを持ってデブなんです」って言うとけ。やかましいわホンマに。

お前の配信見てたらクソ腹立ったから痩せるわ、ありがとう

そう、そういう反骨精神が大事や。お前が痩せたとき、女から男として見られるようになる。性的に相手にされることは生きていくうえでめちゃくちゃ大事なことで、それが人として生きていく理由になったりすんねん。

いつか私に感謝するときが来るけん。がんばれよ、デブ。

ブス

ブスの生命線は「愛嬌」

18年生きてきたけど、女は頭悪いし自分を客観視できずにイキってるから、恋愛に興味がなくなった

若くてそこそこかわいい女は周りからの持ち上げがすごいから、イキりやすいし勘違いしやすいかもな。でも男なんやし、恋愛に興味がなくなっても、女が嫌いになっても、女体は好きやろ？

世の中広いからさ、自分を客観視できて、イキることの痛さも知ってる頭のいい女もいるんですよ。まだ18歳だから会ったことないかもしれんけど、そういう女もちゃんといます。

イキってる女に絶望したなら、ブスと婚活してみてください。ブスにこそ達観できた頭のいい女性がいるんで。今の時代はメイクなり整形なりあるけどさ、ちょっとしたメイクや整形じゃどうにもならないブスは達観しててイキってないよ。

キャバクラでブスが出てきたら当たり。ブスは話術のテクニックがないと生き残れないから

そうそう。ガールズバーでも人気なのは話がおもろいブスだったりするよな。一晩のノリで楽しく盛り上がりたいんだったら、人形みたいな女よりおもろいブスのほうが需要あるんでね。

達観したブスやババアはマジで狙い目。ブスだからって毛嫌いすんなよ。

もしかして自己紹介ですか

うるせえよ。

自分のステマやめてください

ステマちゃうわ、これはダイレクトマーケティングや。30歳を超えて落ち着いた女！どうですか？

女は愛嬌だよね

それはそうやな、せめてブスなんやったら愛嬌ぐらい持っとかなあかん。愛嬌があれば、ブスでも結婚できるからな。

愛嬌あるブスって頭がいいんよ。自分はブスだってわかってるから、愛嬌に振って生きている賢い女なんですよ。なんなら結構モテたりするしね。

暗いブスより明るいブス

でもね、愛嬌を持ちたくても持てなくて、暗くなってしまったブスもおる。ブスには「ブスをわきまえて暗くなってしまったブス」と「ブスを受け入れていじられることで明るくなったブス」の2種類がいるんよな。

顔面を見ただけで「ブス」って叩くチー牛が多いから、愛嬌を見せる前に心が折れてしまって「暗いブス」が誕生する。「ブスは喋んな」「ブスのくせになんやねん」ってみんなに言われた結果「私なんかが」って引っ込み思案になってしまった暗いブスを「愛嬌がない」って言うのは、ちょっと社会が悪いような気がする。

だってそうさせたのは、周りが「ブス」って責め立てたからやんか。それで「私はもう何も発言しません。すいません」ってわきまえてしまったんや。愛嬌を失わせたのは周りの人間なのに、それを責めるのはかわいそうや。

愛嬌のないブスって、自分で自分を褒めることができない自己肯定感が低い人間が多いと思う。だからブスな自分のことも「かわいいね」って褒めてくれるコミュニティに入って、少しずつ自己肯定感を上げていけばいいんよ。おじいちゃんおばあちゃんばっかりのコミュニティに入ったら、ブスでも「若くてかわいいねえ」って褒めてもらえるやろ？老人ホームのボランティアとかでいいから、自分を褒めてくれそうな場所に行きなさい。

女のブス問題はシビアだよね

女はちょっとブスなだけで、ちっちゃいときからブスの洗礼を受けるよな。小学生男子なんて足速いだけでモテるから、顔はほぼ関係ないやろ。スポーツできるだけでそりゃもうモテモテです。

でも女は顔でランク付けされんねん。小学校1年生でさえ、かわいい女がカースト上位になる。男子は平気で女に「ブス」って言うやろ？

親戚の集まりでも、自分に顔激似のおっちゃんに「〇〇ちゃんはホンマに俺に似とんなあ。でも、女は愛嬌やからな」なんて謎の慰めをもらってさ、

「私、このおっさんに激似なんや……」って絶望したりするわけ。顔以外を褒められるだけでも、子どもながらに「自分はかわいくないんだ」って察するねん。

ユーチューブとかSNS見ててもさ、やっぱかわいい女の子が多いやん。無加工の動画で見てもすげえかわいいやんか。そんなかわいい子でさえコメントで「ブス」とか言われてるの見たら、もうホンマもんのブスは

「これでブスとか、え、え、えええ…！」

って震え上がって、もう世の中に出れなくなっちゃう。ホンマ、ブスな女は生きにくい時代になりましたよ。

愛嬌で結婚できても、『ブス』って言われた傷は癒えない

「ブス」ってホンマに重たい言葉で、破壊力あるんよ。「髪の毛がめっちゃツヤツヤサラサラで、肌も色白でめっちゃ綺麗なブス」って言われたら、もうブスなんだよ。「スタイルめっちゃ良くて、巨乳で、まつげもめっちゃ長くて、超小顔のブス」って言われたら、これまたブス。全ての長所をぶち壊すくらい「ブス」って言葉は破壊力が高いんよ。

私はネットで「ブス」って言われるのが日常茶飯事やけど、「私なんて超ブスです」とは思ってない。30年生きてきて男に困ったことないんで、ネットで「超ブスやん」って言われても「あ、そう」で流せるぐらいの余裕はあります。経験に裏打ちされた余裕やな。

でもね、まだ男性経験が少ない若い子とか、かわいい女友達といつも比較され

てきた子は「私って本当にブスなんかな」って思っちゃって、その一言がめっちゃ効く。そういう女の子にぶつけるくらいなら、私を叩いてほしいなと思う。**お前らのゴミみたいな言葉じゃ、私は揺れんから。**

ブスって主観やから、もはやＮＧワード

ただの主観やのに、ホンマに効くからな。女は運動できても金稼いでも別にモテない。どれだけほかで努力しても、顔がブスだったらモテない。だから「ブス」って言葉は致命傷になるんよ。

私くらい全方向から「ブス」って言われるのに慣れとったらもう言葉の重みをどうにかする技術がついとるけん、適当に流せるけど、戦い慣れてない女に「ブス」って言葉をぶつけるのは本当に核兵器ぶつけるようなもんやからな。言われた女は「私、何もしていないのにどうして、どうして……！わぁあああ」って叫びながら被爆するから。ダメージはその時だけじゃなくて「う、う、ケロイドが……」みたいに一生後遺症を引きずるのよ。それくらいブスって言葉は、女の一

生に傷をつけるよ。

でも大人になったら、ホンマのブスは「ブス」って言われん。やっぱりみんなそこのモラルはあると思うんですよ。ホンマのブスに「ブス」って言ったらシャレにならんやろ。両足ない人に「お前、足ない！」って言うようなもんやん。

だから中間の女に「ブス」って言うのが一番熱いんですよね。ブスではないんやけど、万人から見て美人ではない女。わかるっしょ？実際は結構モテるんだろうし、男もおるんだろうけど、ま～ちょっとブスやな、みたいな〝ちょいモテ〟の女が一番「ブス」って言われるんですよね。

大してかわいくないくせに中途半端にモテてるんが気に入らないんだと思いますよ。「ちょいブスのくせに、絶対俺のこと見下してるやろ」って被害妄想で「ブス」って攻撃してくる。自分のことをブスだと思ってなさそうな相手にこそ言いたくなるんやろな。

ちょいモテのブスって、もしかして自己紹介ですか

だからうるせえんだよ。

ブスにならないために

浮気しない小綺麗なブスと結婚したい

浮気しない小綺麗なブスは、若いうちにイケメンと結婚してたりするんよな。

浮気しないブスを、お前の力で小綺麗にしてやったらいいんじゃない？

23歳年収300万のワイ。周りの人から『彼女がブス』って言われるけど、ある意味釣り合ってるってことやね

お前の顔にもよるかな。別に23歳で年収300万って普通だし、田舎だったらむしろ頑張ってるほうよな。

そもそも他人の彼女をブスって言うヤツらがどうかと思うで。女って付き合った男に「かわいい」って言われたらかわいくなるやん。お前がセンス良い男なら、ファッションやヘアスタイルのアドバイスをしてやって、毎日「かわいいやん」って褒めてやって、彼女のポテンシャルを引き出したらいいんじゃない？身だしなみ整えるだけで、女はそこそこ小綺麗になるよ。

小綺麗にできるのも才能なんよ。自己分析して、自分に合う化粧とか服とかを選ぶ力があるから小綺麗なわけ。小綺麗にできれば中の下に入れるから、もはやブスじゃない。

逆にそこそこ可愛くても、小汚なかったらあかんな。たとえば30歳の女性で、髪の毛は今まで染めたこともパーマしたこともない黒髪バージンです、伸ばしっぱなしであんまり美容院に行ってません、前髪はいつもパッツンにしてます、化粧はよくわからないから1990年代みたいな目を黒で囲むメイクで、リップは何色がいいかよくわからないのでつけてません、カラコンも入れたことありません、眉毛も生やしっぱなしのボーボーですって女は、顔が綺麗でもブスに入る。顔の造形よりも手入れが大事です。

女は簡単にかわいくなれる

そんなことないよ。今はメイク動画とか簡単に調べられるけど、それでも相当勉強せなあかんから。

ブスってさ、いきなり美女を目指して一発逆転を狙ってしまうねん。ブスに限らず、人間だれしも努力は嫌いやん。ダイエットでも毎日運動して食事制限して半年で痩せようとする人より、サプリだけ飲んで痩せたい人のほうが多いやん。弱男も「明日からモテ男になる必勝ノート」みたいなクソ記事を見たりするやん。いきなり変わろうとしてしまうのが人間の性やけど、なれないから。

努力なくいきなり美しくなろうと画策したとて、まず化粧をあんまりしたことないし、服もよう知らんのよ。雑誌に載ってる服を完全に丸パクリすればそこそここ小綺麗なブスになれるんやけど、なぜか自分の色を出して赤黒チェックのミニスカとかショッキングピンクの靴下を買ってまう。料理下手なやつほどアレンジしたがったり、味見せえへんみたいなとこあるやん？雑誌とか見ておしゃれを勉強するものの、載っとる服がやっぱ高いけん、「こんな高い服はいいや」って妥協して、通販で試着もせず似たような安い服を揃えてダサくなってしまう。

こうしてダサいブスが爆誕するわけやけど、ノリと勢いで謎にめかしこんで外へ飛び出したらあかん。とりあえず親に「これ、おかしくないかな？」って聞くくらいはせんと、事故が起きてしまうで。

≫メンヘラは非ブスの茶番

メンヘラほどブスよな

そうか？メンヘラってめっちゃ顔かわいい女が多いし、わりと自己肯定感高いと思うよ。自己肯定感の高さゆえにメンヘラ化するとこあるから。

そもそも男がブスには容赦ないけん、ブスがメンヘラ化したところで構ってもらえんくてやる意味ない。構ってもらえたとしても「一発ヤってその後は音信不通」みたいな感じやからさ、ブスも秒で「あ、私、この顔でメンヘラになったらあかんな」って気付くと思うけどな。

経験談だから説得力違うな

うるさいわ。私はメンヘラムーブしたって誰も構ってくれんの知ってるんで、メンヘラしてません。ちゃんとわきまえてますから。

でもかわいい女はメンヘラすると構ってもらえるから、もう一生メンヘラしてまうんやな。許されるからなかなか気付けへん。30代後半のメンヘラ美人はホンマにキツいな。でも美人やけん、それでも相手してくれる人がまだおって、治らんのがなおキツい。

なんちゃってブスしてるファッションブスもいる

ファッションブスは言うほどブスじゃないけど、美人でもないみたいな中途半端なヤツな。そこを「いや私ブスだから」って自虐することで、周りからの「いや、かわいいじゃん」待ちしてるんですね、わかります。「かわいい」のカツアゲです。

それ、あなたのことですよ

どうも、ファッションブスです。

逆に、ブスに『私ブスだから』って言われて何も言えんかった

それは自分を守るためのブス宣言やな。突然のブス宣言に戸惑わんように、自分をブスだと思ってないファッションブスと、ホンマにブスやと思ってるブスを嗅ぎ分けなあかんな。

ブスブス言いすぎると、後ろからブスってやられるぞ

誰がうまいこと言えと？

弱者男性VSブス女

弱者男性とガチのブス女、どっちが人生厳しいですか？

女は若さの一点突破で結婚まで持っていけるから、ガチのブス女のほうがまだマシだと思う。ブスでも20歳ぐらいだったらいくらでも貰い手おるし、化粧とか整形もあるしな。でも年いっとるブスはかなり厳しいから、話が変わってくるな。

だから賢いブスほど早く結婚する

そうやね。男も歳いったらさ、若い女の子ってだけで可愛く見えてくるやん。もう肌とか髪が綺麗ってだけでかわいいと思うやろ。

この配信は40歳ちょいぐらいのおっちゃんも見とると思うんやけどさ、容姿関係なく20歳ってだけでかわいいと思うやろ？だからブス女は、早めに結婚さえすれば楽な人生だと思うよ。

20歳だとしても、ブスは論外だけど

お前、まだ若いね。お前も40なんぼになったら、若いだけでかわいく見えてく

るよ。

ブス男は勉強して大手企業に入れば逆転できる

そうやけどさ、採用面接で全く同じキャリアの人がいたら、絶対に顔がいいほうが採られるみたいな実験があってな。仕事であっても見た目が良いほうが選ばれる社会で、成功するまで努力し続けられるかって話やん？ブス男が逆転するには認められるまで超がんばってモチベーションを保たないとあかんねん。

逆転するポテンシャルがあったとて、そこまで情熱を持ち続けられるかは別の話やからな。一定のブス男はどっかで世間の理不尽に心を病んで「もう真面目に働くの馬鹿らしいわ」って働く意欲をなくす気がすんねん。

でも、男が稼ぐのはクソ楽やと思う

がんばるってやっぱり厳しいよ。毎日同じ時間に起きて8時間も働くっててのは、実際問題厳しい。普通にやってる人、すごいからな。

ブス軽減税率導入してくれ

それはあるよな。顔がいいだけで得することが多すぎるからさ。

生まれ変わるなら、男と女どっちがいい？

確実に女。だって楽やもん。たとえブスだったとしても、生まれ変わるなら女がいいと思う。

えー男も楽だけど

いや、違う。そう思えるお前は勝ち組の人間だからわからんと思うけど、女ならブスでも若いってだけで需要あるし、化粧もできるし、ちょっとした整形もしやすくなったから、男に比べてどうにかしやすい。

男は若さや愛嬌だけでは乗り切れんこともあるけど、女は若いうちに風俗でガーッと稼いで整形してちょっとかわいいくらいの見た目になれば、もう人生安泰です。大丈夫です。あとは愛嬌で生きていけます。

女が若さで楽できるのは30歳くらいまでじゃん。男はずっと楽しい

女を使って生きられるのはそりゃ30歳くらいまでやけど、うまいこととそれまでに結婚しておけば生きていけるやん。男も女が若くなくなったからって簡単に離婚せんやろ。

それに女は母性があるから、さっさと子ども作って子どものために生きていくことができれば、それだけでもそこそこ幸せやから。

イージーなのは女やけど理論値*高いのは男やわ。だから男でよかった

＊理論値：うまくプレイした場合に獲得できるスコアの最高値を意味するゲーム用語。ミスなくプレイしたら実現可能な数値のこと。

理論値でいけば男やけどな。でも理論値出せる男がどれだけおる？頭よくて、稼いでて、顔もいい男。まあいないんだよな、これが。

私はさ、一応トークで稼いでるわけやんか。それも能力の一つだと思うんやけど、一般的に「女にスキル持ちは少ない」って思われてるから「裏に作家がいる」ってめちゃくちゃ言われてんの。生配信でこんだけ喋ってんのにな。それくらい「女は能力が低い」と思われてんのね。

でも、それはお前らも思ってることだと思う。みんな「女は結局、顔とか乳とか若さで生きていけるから、スキルを磨く必要がない。だからスキルなんて持ってない」って思いがちだよな。

それが真実かどうかは置いておいて、それだけ女がお得だって社会通念がある証やろ。男は顔とか体でどうもならんことが多すぎるけん、代わりにスキルを磨くやつが多いからな。トークスキルを磨いたおもろい人間は男が多いよ。

女だけど、美人な女に生まれ変わりたい…世の中美人が生きやすいよ

美人の女が生きやすい世の中だけど、ブス女だってブス男より超マシだから。男だったら「能力を持たぬブスなど1ミリの価値もない!」ってされてしまうけん。Xで弱者男性がメンヘラ投稿した日には、無視どころか「男が何メンヘラツイートしてんのw」って叩かれるよ。

過去に『彼女欲しい』ってツイートしただけで、知らん女から『死ね』ってリプがたくさん来たことがある

な?それくらい世間はブス男に厳しいんだよ。ネットなんて特にそうよな。女だったら、ブスでも「どしたん?話聞くよ?」って構ってくれる。**でも、弱男の愚痴なんて誰が聞いてくれる?お母さんか?**

しかも、ブスな弱者男性に1人で生きられるだけの仕事能力はなかなか生まれんのよ。能力をつけたところでブスやしコミュ力がないから人と関われんけん、

メリットが感じられなくて「がんばって能力をつけよう!」って努力がなかなかできない。だからずっと弱者なんよな。

生きやすさのイメージは美人女＞美人男＞ブス男＞ブス女

いや、ブス女がブス男より上ですね。ブスだって風俗でバリバリ需要あるよ。穴あるし、若ければ余裕で男に相手されるんで。

でもブスな弱男は逃げ場がないの。本当にどこにも逃げ場がないの。だから男のほうが自殺率が高いんやって。逃げさせてくれるとこないもん。

ヒエラルキーの一番上は強者男性。金があって、見た目もそこそこな男な。美女が狙うのはこのゾーンです。女の価値が美しさなら、男の価値は金。ちゃんと稼ぐスキルがあって1人でも幸せに生きられる強さがあるから、常に主導権を持てる。

二番目が稼ぐ力のあるスキル持ち美女。美人女医とかな。強者男性と同じでスキルがあるから一人でも幸せになれる。ただ、男ほどスキルでモテるわけじゃないから、強者男性の下やな。

三番目はスキルなし美女。美しさが強みだけど、稼ぐ力がないから1人じゃ幸せになれなくて、男ありきで幸せになっていくタイプやな。どの層の男と付き合うかだったり、加齢だったりで人生が変動する。でも、スキル持ち美女と大して差はない。女はそんなにスキルを求められてないからな。

四番目がスキルなしイケメン。イケメンのフリーターはここ。稼ぐ力はないけどイケメンだから、とりあえず付き合いたいって女はそこそこいる。あんまり結婚したいとは思われんけど、スキル持ち女のヒモになればどうにかなる。

五番目がスキルありブス女、六番目がスキルなしブス女、そして最下位が弱男。ブス女は若いうちに勝負すれば拾ってくれる男がいるけど、弱男はお母さんしかおらんからな。

理論値高い男は、努力でスキルを磨けば一番上まで行ける。女は理論値低いから、ブスに生まれた時点で上限が決まっとる。金で挽回できるのが男、できないのが女やな。だからブス女は若いうちに勝負しないとダメなわけ。障害持ちで、努力じゃどうにもならん弱男が一番キツいけどな。

こんなキツいことを言うのはたぬかなだけだわ

私が言うのをやめてしまったら、真理に気づかない人が増えてしまうやん。それこそキツいって！厳しい現実をだれもわかってくれんのもキツいやろ。弱者男性が「つらくてしんどくて愚痴を吐きたい」って思う背景を周知したほうが、まだマシだと思うよ？

たぬかなは悟りすぎてるから、女ゲーマーに転生して現代を無双してるおっさんだと思ってる

悟って無双できてたら、あんな炎上してないわ。

整形美女VS愛嬌のあるブス

「ブスなら整形しろ」って意見もあるけど、その戦略は成功しないと思ってます。芸能人はすごい金かけてナチュラルな整形するからうまくいくけど、そのへんのブスってそんなお金もないと思うし、安い整形じゃそんないい顔にはならない。変に手を出したら思うような顔にならんくて「もっとやらなきゃ」って整形沼にハマって、整形費用を稼ぐために風俗を始めるとか、不幸ループに入っていく可能性のほうが高いですよ。

それに「わかりやすい整形顔はモテない」ってのがこの世の真理。女はキラキラ女子に憧れるけど、大抵の男は嫌いです。キラキラ女子が好きなのは一部の成金男だけやし、それも「一発ヤれたらいいな」みたいなモテ方だったりする。世の中の大半は慎ましい男やから、隣に金のかかる強欲な女がいたら嫌でしょう。

安易に整形をするよりは、愛嬌を使って年が離れたおっさんとか、自己肯定感が低い男とか、貧乏な男から攻略していくべきです。**そういう男こそ綺麗な女に引け目を感じていて、あなたくらいのニコニコしたブスが好きだから。**

「いや、自分は愛嬌の良くないブスです」って言うかもしれんけど、愛嬌なんて出そうと思えばすぐ出せます。ブスから美女になるのは難しいけど、ブスから愛嬌のあるブスになるのは簡単。ニコニコ笑っとけばいいんやから。

世間は、愛嬌のあるブスが好きですよ。ネットのしょーもない男がブスブス言うてたりするけど、実際ブスな女にニコッて笑いかけられたらうれしいもんやから。

それに、ネットで言われる「ブス」と現実社会の「ブス」ってギャップがありますよね。ネットでは「ガチのブス」とか「化け物」とかすごい叩かれる人も、実際に会ったら普通だったりするじゃないですか。

ＳＮＳで美しい人やかっこいい人が山ほど見られるようになったけど、あれって普通の人が加工技術を駆使した写真だったりして、世の中全体のルックスがめっちゃ良くなったように錯覚してるだけなんですよ。ネット上で普通の子がブスって言われてしまうのも、昨今のメディアで作られた虚構の美女に人々が毒されてるだけ。

みんなが普通の人をブスって言う時代が来てしまったから、みんな自分のことを「私はブス」って思ってる。

でも、現実のあなたは普通です。「私はブスだからどうせ無理」って思ってるなら、あなた自身もネットに毒され過ぎかもしれませんね。

チビ

チビ男性が攻撃的になる理由

たぬかなって本当にチビ嫌いよな

チビが嫌いってより「恋愛対象としてはそんなに好きじゃない」って言っとるんやけどな。

生配信での「170㎝以下は人権ない」って一言で大炎上してチビからえらい憎しみを買って、チビが持つコンプレックスの根深さと攻撃性については重々承知した。

さーゆーって人が私について取り上げた動画で、チビ男性の性格が歪む理由について解説してたわ。チビは幼少期から侮られて、たくさん辱めを受けるんやって。たとえば仲間内でだれかがいじられて、みんながワハハって爆笑しとるとき、チビだけ「お前、何笑っとんねん」って叩かれたり蹴られたりするらしいの。「ほかのみんなは笑っていいけど、チビのお前は笑うな」っ思われるくらいチビは下に見られてんねん。チビにとってはこういう事案が日常茶飯事らしくて、男からも女からなめられやすいねんて。

だからチビなさーゆーはがんばって体を鍛えて、いじめっ子との喧嘩に1回だけ勝ったらしいんよ。そしたら男子からしばかれることも、女子から笑われたりすることもなくなって、普通の人間になれたんやって。「**チビはなめられないようにしとかないとすぐいじめの標的にされるから、必要以上に攻撃的になる**」って言うとって、なるほどと思ったわ。

ヤンキーファッションのチビが多いのも、なめられたらすぐいじめの対象になってしまうから、自己防衛のために虚勢を張っとるんやな。あるいは「チビでーす」って開き直って、おどけるしかない。

お調子者は身長低いイメージがあったから、その説明でしっくりきた

チビが生き抜くには、喧嘩っぱやいヤンキーになるか、おもろいピエロになるかの2択しかないんやな。

芸人の岡村隆史だってちっちゃいけど、おもしろさに振り切ってモテるようになったと思うよ。ヤンキーにもピエロにもなれんかったら、もうチビであることを受け入れていじめられ続けるしかない。

子供のとき荒れてたヤツ、見事にチビだけだった

荒れてたのはコンプレックスの裏返しだったということやな。チビ差別は世界中にあふれてる。

日本に原爆を落とすって言ってた黒人配信者*の身長、170センチなかったね

*外国人の男性ユーチューバーが、東京の駅内で日本人に「ヒロシマ、ナガサキを知ってるか？」「また原爆を落としてやる」などと話しかける動画を公開し、炎上した

めっちゃちっちゃかったよな？やっぱチビは攻撃性高いってホンマなんやな。肌の色とか関係ないわ。

こうやってチビの攻撃性が証明されていく。そらぁ〜やっぱチビやしな、暴言

も吐きたくなってしまうぐらいの攻撃性があるんよ。

黒人で170㎝ないってだいぶ小柄だな

黒人ってガタイが優れててほぼほぼちっちゃくなることはないと思ったけど、そんなことないんやな。巨体が多い黒人の国でチビだったけん、いじめられすぎて攻撃的になってしまったんやろ。日本でさえ、170㎝以下の身長でいじめられんねんで。黒人界隈だったらどれだけいじられてきたか、みんなそこに思いを馳せたれ。そらぁもう可哀想やろ。

想像できるわ

あいつこそ自国で人権なかったと思うで。「黒人なのにそんなちっちゃいガタイで…プークスクス」って言われ続けて、あいつは尖ってしまった。そして「日本に来れば俺はガタイがいい部類に入れるんじゃないか」と思って来日したけど、意外と日本人も背が高くて絶望して、あんなに攻撃的になってしまったんじゃない？

黒人煽りはやめとこ

別に黒人は煽ってない、チビを煽っとる。チビは攻撃性が高いって言うとるだけで、黒人をネタにしたいわけじゃないねん。黒人だからって差別する気もないし、別に肌の色なんてクソどうでもいいから。

黒人だから触れないってのが一番差別

そう。みんなわざわざ「黒人は止めたほうがいいよ」って言うけど、そういう発言が一番差別やんな。別に白人だろうが黒人だろうが黄色人種だろうが、全部一緒よ。それを触れないでおこうって風潮が差別を生むわけ。

チビは身長が低い分筋肉が太く見えるから、ボディビルで有利。逆に高身長が人権ないって言われてる

ボディビル界隈ではチビが勝者か。チビでスターになりたかったら、ボディビル界隈行ったらええな。逆に高身長が「ぐぬぬ」ってなるかもしれない。

≫なぜ「170cm以下は人権ない」で炎上したか

いろいろとチビ事情を察してるたぬかなも、170cmないと人権ないって発言が危険なのは気づけなかったのか…

燃える前は察してなかったよ。だってずっと「身長低いんはマジ無理」って言ってたやん。正味1年間ぐらい言っとって「今炎上すんの？じゃあもっと前から言ってよ」みたいな感じやったで。

燃えるまで「170㎝以下は人権ない」ってリマインドし続けたのが良くなかったんかな？地道な努力が実ってしまったのかもしれん。

火種になった動画見たけど、何であれで燃えたのかわからない…

俺もわかんねえよ！だって炎上するまではボヤにすらなってなかったやんな。

低身長コンプレックスは解決しにくいから、どうしようもないけどね

それはよくわかったよ、あんだけ燃やされたからな。「身長以外でがんばったら別にいけるやん」ってフォローした言葉も届かないほど、低身長が根強いコンプレックスだっていうことがよくわかった。

ちなみに「Aカップとβカップは人権ない」とも言ったけど、そっちは全く燃えんかった。だって男が女にずっと言い続けてきたことやから、女側も「そう言われるやろな～」ってわかってんねん。そもそも、女なんて小さいころから「ブスは人権ない」って言われ続けて育ってるから、今更どうのこうの言われても「だから？」としか思わんよ。

ブスは人権ないって言ったら炎上するやろ

いや、せえへんやん。芸能人がテレビ番組でブスいじりしても燃えんかったよ。**当時の私が嫌われてたから燃えたんや。**みんなもさ、〝性格悪いくせに綺麗売りしてて、大して強くもないプロゲーマーのたぬかなさん〟は嫌いやったろ？

今の私が「170cm以下は人権ない」って発言して燃えたら、みんな私を擁護してくれると思うよ。でも、あのときの私は好感度が低かったからみんな叩いたわけやん。その違いはわかってるよ。

自己分析的確やん

的確だよ。私は嫌われてて、燃やそうとしてるヤツがいっぱいおったから燃えた。それにあの時はコロナ禍だったからさ、みんな〝叩ける娯楽〟を求めてたっていうのもある。私の配信業がうまくいってたから「うわ、俺らがコロナでキツいのに、コイツは配信で楽に稼いでんねや」ってヘイトも集めたと思う。

あのときのたぬかなって、嫌われるほど有名だったのか？

有名かどうか以前に、そもそも「女プロゲーマー」って字面だけで嫌悪感を持つ人が一定数おるんよ。そいつらは私の肩書きを見た瞬間に「あ！ブスな女性プロゲーマーだ！は〜い、叩きま〜す！」ってアンチコメントを書き出すんよ。つまり、いろんな要因が複雑に絡まり合って炎上したわけやな。

ごめん、ワイがたぬかなを叩いてた理由全部それや…

な。そういう私が配信で稼いでたら、やっぱりムカつくやん。

でも、あの炎上があって今のたぬかながある

炎上で有名にもなったけど、やっぱ失ったものもあるな。まず当時のファン。昔の私を好きだった人は、もうこの配信にはおらんと思う。「たぬかなさん、どうなってしまったんや…」みたいなかわいい人はもうおらん。昔からおるのは「たぬかなは怒ってるときだけおもろいわ」って思ってた人だけやと思うわ。

あと憎しみも買ったな。燃えるまでは一応綺麗売りだったし、さすがにイベントで刺されそうなほど憎まれてなかった。今は刺されるリスクがあるから、怖くて気楽にはやれんな。

たぬかなの誕生日配信にわざわざ来て、死ねって言う人がいましたね。そんなこと言うほうが悪いと思いました

キモいやんな～？「死ね」って言ったヤツに「お前が自殺しろ！」って言い返したら、切り抜きで「低所得者は自殺しろ！」って言ってるように編集されて、叩かれたわ。それは違うやんなあ。**なんで「死ね」って言ってきたヤツに「自殺しろ」って言ったら、こっちが悪いことになるん？**あっちのが悪いやんか。まずは「死ね」って言ってくる人間を怒れよ。

炎の化身・たぬかなを崇めます

おう、しっかり崇めろよ。

≫チビはマッチングアプリできない

ホビットがマッチングアプリに勝つための戦略をご教示ください

マッチングアプリの統計データみたいなの見たんやけど、顔面があんまり良くない男の写真でマッチングアプリに登録したら、すべての女を「いいね」してアプローチしようが、どれだけプロフィールを充実させようが、マッチングできたのは1〜2人なんやって。さらに絶望的なのは、顔面偏差値55ぐらいの男がやっても結果は変わらんのやって。

つまり、マッチングアプリは顔が良かったり金を持ってたりする強者男性がほとんどの女をさらっていくから、お前らが勝つのは無理。

やるとしたら超金持ってるアピールして釣るとかやな。身長はやっぱり170㎝で足切りされるから、ホビットだろうと170㎝以上に設定したほうがいい。当日会うときはシークレットシューズを履いて行け。

でも、正直それでもキツいわな。マッチングアプリで勝つのは、金持ちか顔面がいい男以外無理だと思うよ。

身長170㎝以上、年収600万以上、一人暮らしでようやく土俵に立てる

そうだね。でもさ、そういう上位の男を、特にスキルなく派遣で働いてる30代前半の平凡顔の女が狙いに行くのがあかんよな。どこにでもおる女が「やっぱ年収600万くらいじゃないと無理」って言っとんのやから。

女は格上の男を「自分に見合う」って勘違いするけん、**お前らに回ってくるパイなんてないよ。無理無理無理無理無理。**

結局、強者男性しかマッチングアプリできないのか

確かに強者男性はマッチングアプリをフル活用できるけど、目的は結婚とかじゃないよ。ただのヤリモクで、タダマンを求めてるんですよ。なんでかっていうと、金を払わずに女とヤれるっていうのが男的にはステータスなんですね。「俺はタダマンできる男なんや」っていう事実がステータスになるんで、マッチングアプリではタダマンを探してるんすよ。現実なんてそんなもんやで。

顔の良いホビットだったら多少のチャンスはあるけど、お前は顔も悪いホビットだろ？年収も300万って感じか？**じゃ、無理です。**

配信に現れるマウントコミュ障

１７８㎝だけど、配信見ていいんですか？

そういうセンスないコメントする人はホビット幼稚園にはいらないから、おうちに帰りなさい。この配信にはチビしかおらんの。「１７８㎝だけど」とか書いてチビをいじめる人間は来なくて結構です。こっちはみんなでお遊戯会してんの、ホビットやからちっちゃすぎて学芸会レベルまでいかへんからな。お前ら鈴でも振っとけ、リンリン♪いうて。

そうやぞ！１６７㎝やぞこっちは！膝小僧刺すぞ！

お前、膝小僧グチャグチャにされるぞ。こんだけのホビットに刺されて、ただで帰れると思うなよ。

ホビも積もれば山と成す

こっちは背と同時に器も小さいんだ！　なめんなよ！

怒ったホビ！　ホビホビホビ

161cmのホビやぞ！あそこも小さいんやぞ！やるんか？

あ〜あ、ホビットはチンコもちっちゃいんやって。そんな人間をいじめて、マウント取って楽しいか？最低やなお前。

でも視聴者アンケートとったら170cm以上の人間が多そう

どうやろ、そういうこともあると思います。

170㎝もアウトですか？

あ！これ敵です。どうします？みんな、出番ちゃいます？やっちゃっていいすか、これ。

BANするぞお前。そうやってみんなのコンプレックス刺激すんなマジ。な？

170㎝割ってるヤツなんてそうそうおらん

なんで私が炎上したと思ってんねん。170㎝以下が半数を超えるほどおったけん、あんだけ燃えたんや。お前、ホビット村に連れてかれて磔にされて、膝から下刺されまくって無くなるぞ。

日本人男性の平均身長が170㎝だから、半分は170㎝いかないってこと

そうやな、半分は170㎝いかなかったんだろうな。チビの総数は意外と多い。

てぃうか、178cmなんて大してでかくないしな

やばい、そんなこと言ったら……あ〜あ〜あ〜、チビ大号泣ですよ。**お前、チビさんに謝れよ！土下座しろよ！**

ごめんなさい

ごめんなさいできたけん、1回は許してあげよ。2回目はないよ。2回目は私がBANするからな。

村の治安が乱された

そうやな。「**俺でかいもん！**」**とか急に喋りだしてしまう、身長しか誇れるものがない陰キャのチー牛のコミュ障は来なくて大丈夫です。**

この村は基本的にホビットしかおらん。チビじゃない人もおるけど、みんなチャット欄ではチビのふりをして潜み、チビの役柄を楽しんでんねん。ここはチビに擬態して、チビとのお遊戯会を楽しむところだから、それができねえヤツはいらねえっつってんだ。身長アピールするヤツなんて、袋叩きで一瞬で塵や。

お前の身長が178㎝だとかどうでもよくて、**ここにいる限り、お前はチビを装わないと市民権がない。この村は、チビにしか人権がない。**

180㎝ですけど人権ありますよね？

う～わ、今度は180㎝が来たよ。どうする、こいつ燃やす？やっとく？ホビットの国で「180㎝です」なんて、いやよくそんなこと言えたわ。

今日はせっかくいい気分だったのに、身長コメで萎えたホビ

ほら、こうやってみんなの気分を害するのあかんよ。早くごめんなさいしな。

「180㎝は嘘でした。本当はみんなと一緒のチビなのに、ちょっとイキりたくて嘘ついちゃいました」ってごめんなさいできんかったらＢＡＮするよ。
さ、早くごめんなさいしな？

たぬかながホビットを擁護してくれてる

あ、別に私はホビット擁護なんてしてないですよ。馬鹿にしてますよ。**ホビットを馬鹿にしてるし蔑んでるけど、そんなお前らを愛してるよ。**

デブやるんだったら、
誇り高きデブになれ

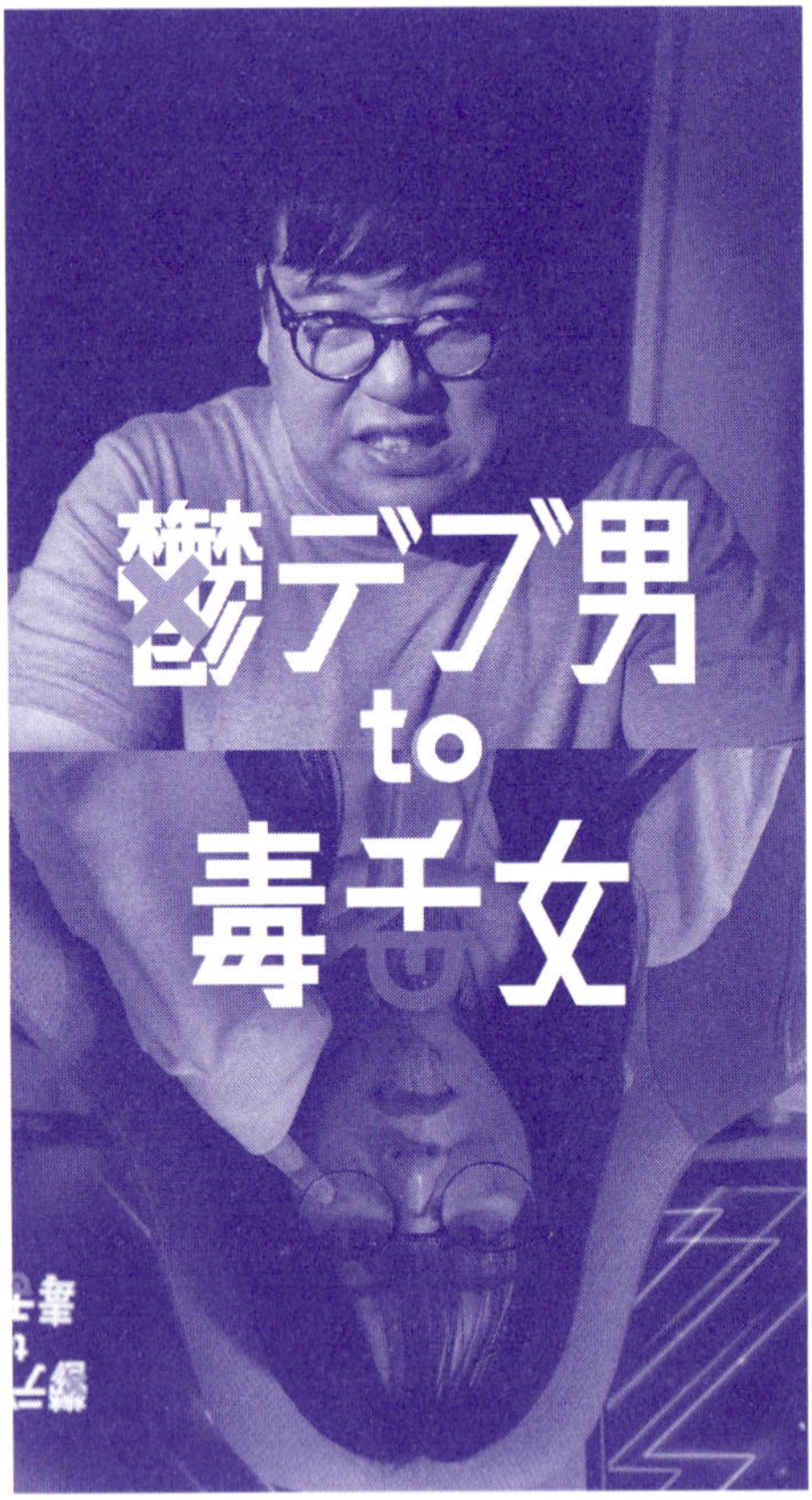

—LIFE—

♥♥♥♥♥

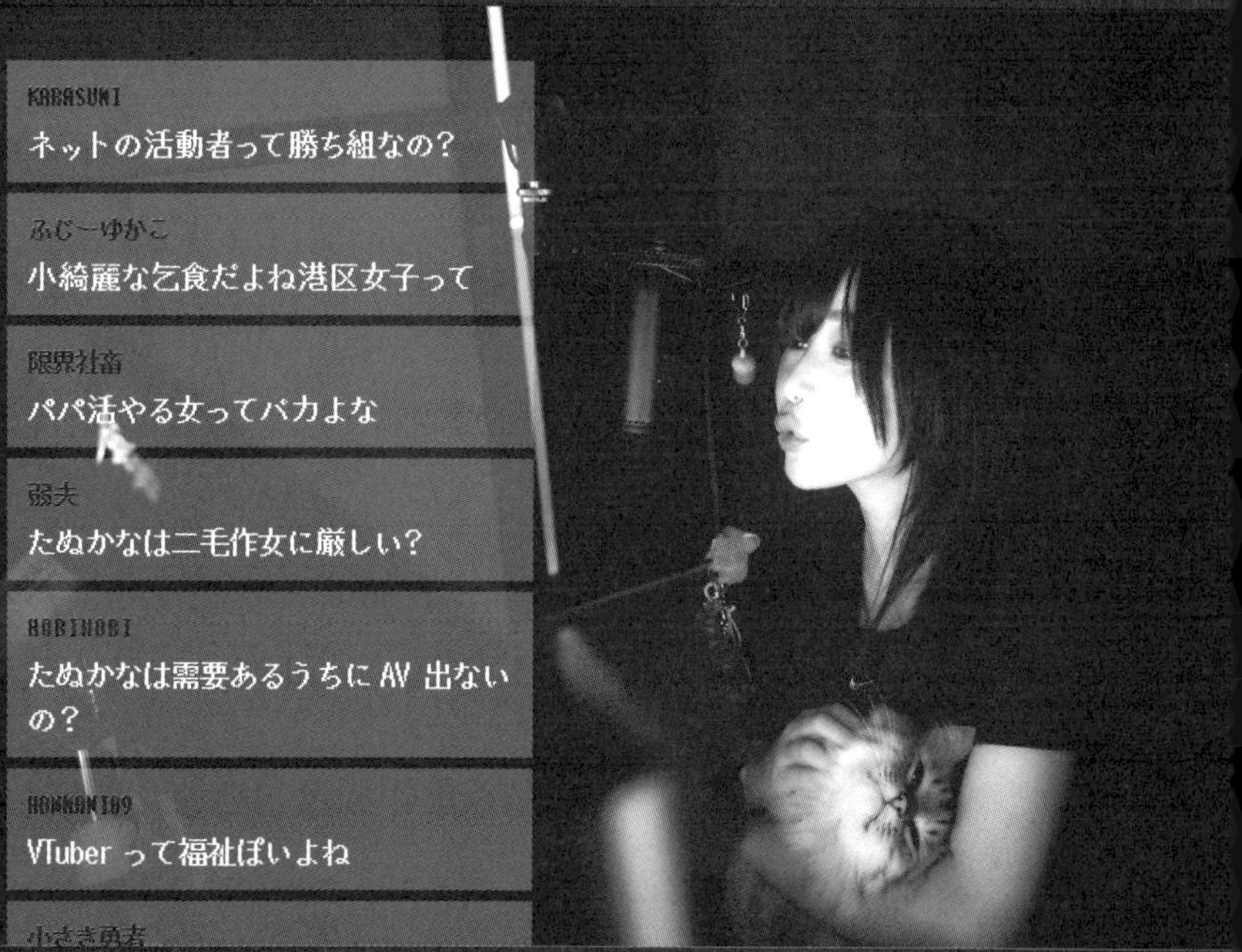

KARASUMI
ネットの活動者って勝ち組なの？
ふじ〜ゆかこ
小綺麗な乞食だよね港区女子って
限界社畜
パパ活やる女ってバカよな
弱夫
たぬかなは二毛作女に厳しい？
HOBINOBI
たぬかなは需要あるうちに AV 出ないの？
HONKANI09
VTuber って福祉ぽいよね
小さき勇者

SNS魑魅魍魎

配信者

人気配信者より会社員が偉い

ネットの活動者って勝ち組なの？

私はネットで稼いでるユーチューバーもゲーマーも配信者も、社会的地位は下だと思っとんよな。「たぬかなは自分を下げて笑いを取るから好き」って言われたりするけど、本当に下だと思っとるよ。自分の社会的地位を理解して活動しないと、叩かれて終わるやろ。

私含め、ネットの活動者は「楽に金を稼ごう」と思ってる部分がめちゃくちゃあるはずやから、全然偉いと思わんの。動画撮影とか編集をがんばっとるユーチューバーもいるのはわかるけどさ、やっぱり楽して稼いでる部類に入ると思うのね。**配信者の自分より、地元のユニクロで働いとった自分のほうが絶対偉いし、まともだったと思うんよな。**

だからどんだけ人気でも、金稼げても、配信者のほうが偉いなんてことはないし、なんならカスだと思ってる。配信者の私はちゃんと働かれてる皆様からお金をもらって生活してるんですよ。皆様に生活を保護していただいてるので、皆様は素晴らしいし、私は皆様から金を貰って生きているだけの乞食だと理解しております。

ちゃんと朝起きて、決まった時間に出勤して、真っ当に生きてる人間が一番偉いよ。

ネットで活動するより、普通に出社するほうが楽じゃね？

得手不得手はあると思うよ。私は配信するのがそこまで苦じゃないんよな。そういう性格の人間からすると、１日２〜３時間ぐらいペラペラ喋ってお金が入ってくるなんて最高やん。だから私はピエロを演じてる…というか、根っからピエロなんですけどね。

たぬかなの考え甘すぎ。もはや長時間配信が当たり前の時代だ

ごめんなさい、私は長時間配信できないんですよ。こんなにまくし立てて喋るんで、長時間配信なんてやってしまうと喉がイかれる。あと、長時間話してたら頭も阿呆になってきておもろい話できんくなって、全体的なパフォーマンスが落ちるから、2〜3時間ぐらいでバーッて喋ってペッて終わって、あとは切り抜き動画で楽しんでもらうんが性に合ってる。

会社員が偉いかどうかはともかく、世間から受け入れられてるというか、正しく生きている気持ちにはなれる

それがいい。社会の歯車になるのって安定するし、別に悪いことじゃないやん。目立ちたいとか有名になりたいって欲がある人は別かもしれないけど、大抵の人はそこまで有名になりたいと思ってないと思うのよ。普通の人がこういう配信を生業にするのは、やっぱりしんどいかもしれん。

配信者なんて好き勝手ブスだのババアだの誹謗中傷されるからさ、流す技術を身につけないと無理だと思うのよ。私はプロゲーマー時代から人前に出てたし、

そこそこトークもできるし、いろんな人に取り入って好いてもらった成功体験があるから流せてる。

でも普通の子はそういう経験が足りないから、誹謗中傷される表の場には出ないほうがいい、っていうか出たらダメ。「有名になりたい」とか「チヤホヤされたい」って願望は、もっと小さいコミュニティで叶えたほうがいい。個人でオフィシャルな場には出ないようにしましょう。

≫たぬかなのエンドコンテンツは乳首

Twitch（配信サイト）のおすすめ欄に、ドエロい韓国の女がやたらと出てくるんだが

マジで海外はいろんな女がおっぱい放り出しながら配信しとる。サブスクでお

金出したら服をバッて脱いで面積少ない水着見せてくれるよ。

私もＴｗｉｔｃｈで配信始める前にどんな配信者が伸びてるのかリサーチしたら、軒並み〝乳放り出し系〟だったんですよね。胸元をめっちゃ露出してて、乳首ギリギリみたいなのが多かった。パッツパツのブーメランパンツみたいなの履いて、ストレッチする配信がすごく人気でした。乳首が出てなかったらＯＫなのか、わりと過激なことやってもＢＡＮされんのよな。

ドエロ乳放り投げ配信者に投げ賽したら、体にユーザーネーム書いて踊ってくれるぞ

腕とかにマジックで投げ賽したユーザーの名前書いとるよな。同じことをやんのは厳しいから、とりあえず復帰配信だけはちょっと乳出そうかなと思って出したんやけどな。

露出女がいっぱいおるＴｗｉｔｃｈというサイトにおいて「たぬかなは女使ってるｗ」みたいなことを言われると「ちょ、ちょっと待ってもらえる？」ってて気持ちになる。ホンマに私、３％くらいしか女を使ってないと思う。

たぬかな、乳首出さないの？

いや、私が乳首出したらもうそこで終わりやな。**私のエンドコンテンツは乳首なんよ。**エンドコンテンツってのはゲームにおけるお楽しみ要素（ゲームのクリア後に遊べるコンテンツなど）のことな。

つまり乳首を出した瞬間に「乳首見たし、もういいや」ってゲーム終了して私に興味なくなるからさ、出さないようにしてる。一瞬だけ視聴者が増えるかもしれんけど、その次からもう誰も来んくなるから。

たぬかなの配信は乳首見えそうなのに見えないのがいいんよな。乳首の位置が下過ぎて

いや下じゃない、全然下じゃないですぅ！

≫死に至る誹謗中傷

ryuchellが自殺しちゃったね

さすがにネットで叩かれすぎたからやろうな。叩いたヤツは誹謗中傷のコメントとかDMを必死で消しまくって、言ってなかったことにするんやろな。胸糞悪いわ。

どんなDM送るんだろうね

いっぱいあるよ。私にも「カス」「クズ」「ゴミ」「死ね」みたいなDMが一生来るからな。送ってくるヤツ、ホンマに馬鹿じゃない？

ネット民って他人の気持ちを代弁するんが好きやん。大体の人間は「ふ〜ん」で済む話でも、他人の足を引っ張りたいがために全力で叩きに行くやん。

ｒｙｕｃｈｅｌｌの件だって「妻のｐｅｃｏちゃんがかわいそう！ｐｅｃｏちゃんはどう思ってるか！うう、ううッ（泣）」みたいな感じで、本人が思ってないお気持ちを勝手に代弁して叩くやん。そんな叩き方、家族が望んでるわけないのにな。

世間からは叩かれる流れだったけど、そんなん当事者同士の問題なんだから、人の勝手やん。当人らがお互いにいいよってなったならいいやんけ。

ｒｙｕｃｈｅｌｌ、まだ27歳だったのに

今ってカミングアウトしたら結構受け入れられる風潮はあるけど、子供がおるってだけで「親なのに！」ってお気持ち表明したいヤツが沸いてまうな。

女は自分の股から子どもを産むから、出産前後で意識が変わる人って多いかもしれんけど、男ってそうじゃないやん。養育費も払わず我関せずで生きていく男も、子どもより自分の人生を優先する男もいっぱいおるやん。一般人だったらのうのうと生きていけるのに、芸能人ってだけでそこまで責められなあかんのか？

それはちゃうやろ。

そんで「本当にご冥福をお祈りします」「力になってあげたかった」みたいなやつらがいっぱい出てくんねやろな。こういうときに味方したら、コスパよくいい人アピールできるやん。今まで何も言ってなかったヤツとか、何なら批判気味だったヤツもこぞってやんで。気色悪いわ。

たぬかなも炎上したとき、ワイドショーで取り上げられてたね

炎上して世間に叩かれると「もう話題にも出されたくない、消えてしまいたい」って思う気持ちはわからんでもない。

誹謗中傷する人間の中には「死んでほしい」って本気で思ってるヤツもおんねん。「たぬかなには絶対に死んでほしい」ってツイート見たことあるしな。

でも私はテレビタレントばりの知名度ではないから、普通に仕事もできるし、外も歩ける。ｒｙｕｃｈｅｌｌくらい有名だったら、どこで何をやっても何を言ってもずっと揚げ足を取られ続ける人生になってしまうから、しんどくなったんや

ろな。

ホンマに思いつめて去ってしまったんだろうけどさ、自殺未遂ぐらいで止めて欲しかった。自殺未遂したってだけで誹謗中傷しとるやつらはビビッてやめるからさ。でも、未遂で止められるような楽な気持ちじゃなかったんだろうな。

誹謗中傷コメント書いてるのってどんな人なんだろ

ネットで誹謗中傷するようなヤツは知能が低いねん。知能が低い人は自他の境界が曖昧やから、他人のことが気になりすぎて自分と混同してしまうんよな。他人が幸せだと自分の幸せを奪われた気がするし、他人が不幸だとその分の幸せが自分に回ってくる気がして、相手を傷つけたいと思うんやって。そんで「みんなが叩くような人なら傷つけても批判されないだろう、むしろ自分が賞賛されるんじゃないか」と思って、ちっちゃいネット界の批判民代表になって英雄気取りすんねん。バリ気持ち悪いわ。

昔は「他人の不幸で飯がうまい」って感覚に共感できたけど、今はもうわからんかも。嫌いなヤツの不幸はメシウマやけど、自分と全く関係ない人が不幸なのは感情移入してしまってキツい。やっぱり未曾有の炎上を経験した身からするとね、キツいんよ。

たぬかなは生きててよかった

死ぬ気はサラサラないけど、傷つくこともあったな。

たぬかなでも傷つくんか

こんだけブスって言われて傷ついてないとでも思っとんのか、ボケ！

散々「ブス」「ババア」って言われて、歳も勝手に3歳上くらいにされてよォ。まあ言うほど傷ついてないんやけど、傷つく人が大半だろうな。

私はもう砂がだいぶ漏れてきたような古めのサンドバックやから、叩きがいがなくて無視されてますけど、これからまた叩きがいのある若くて美しい才能ある男女がサンドバッグにされて、ゴミクズどもにボロボロにされていくと思うと……はぁ〜。

何回繰り返したら、人は学習するんだろう

学習しないんよ。こういうことする人って知能めちゃくちゃ低いんで、学習できない。犬猫と同じよ。犬猫の知能で学習なんてできへんよ。

だから、だれが死んでもネットの誹謗中傷は全然止まんやろな。大体の人間は反省してコメント消すけど、だれかしら「俺があいつを自殺させてやった。俺の批判には力がある」って勘違いするヤツがおる。でも相手が死んだからって、生殺与奪の権利を握ってるわけじゃないから。お前に力はないよ。

ニュースでもずっと燃やされ続けるしな

マスコミも悪いと思うで。インプレッションが増えるからってどうでもいい個

人的なニュースをずっとずっと出し続けるから、ずっとずっと揚げ足取られ続けるんや。

メンタルに自信ないヤツは表に出ちゃいけないいな

いや、少々自信があったとしても、こういう誹謗中傷に耐えるのは厳しいやろ。どんだけ有名人でも、どんだけ批判コメントに慣れてても、効く言葉ってあるからさ。**お前の掘り当てた〝一番効く言葉〟で、そいつを殺す可能性もあるからな。**

こんな現代に生きとったら誰かを叩きたくなるもわかるんやけど、批判するんだったら論理的に言わな。「それなら叩かれても仕方ないな」って論調で叩けよ。「キモい」とか「ムカつく」みたいに主観的な感情で叩くヤツが多すぎなんよ。

批判ゼロの世界ってのも違うと思うから「他人を批判するな」とは言わんけど、相手の尊厳を傷つける叩き方はすんなよ。そんで、本題と関係ない部分を叩きに行くな。ブスとか容姿いじりで叩くヤツは話にならんわ。

私はそういうゴミじゃないから、誰かを「キモい」と思おうが「痛い」と思おうが、相手のSNSアカウントにアンチコメントを書きに行くことはない。書きたくなるヤツの気持ちもわかるけど、わざわざ本人に向けて書くレベルには落ちん。

批判はなくならない

人間だから、日頃の鬱憤を晴らすために批判することもあると思うよ。ただ、「目の前にいたら俺が殺してやる」くらいの憎しみがないなら、SNSでの誹謗中傷はやめとけ。普通に、人間として、止めとけよ。

snack TANUKANA
スナック たぬかな
off the record

貢がれるのは苦手

配信でガッツガッツ稼げる人間は、罪悪感が欠如してるんですよ。視聴者を人として見てないんです。視聴者を金としか見てない、冷酷な人間が向いていています。私は感情移入しちゃうから、配信で稼ぐのは向いてない。どれだけ投げ銭されたって、私は何も返せない。だから配信でも「私に金を投げても何にもならんよ」と啓蒙してます。「私はスポンサー料でめちゃくちゃ稼いでるから、お前から小銭をもらったところで何の足しにもならん」って突き放してる。

イベントも苦手。来てくれた人には、相手が求める〝たぬかな〟でいなきゃいけないから。「よう来たなー」って感じのフレンドリーな姉御キャラで接するのは苦手やけど、せっかく来てくれたからやるしかないんですよね。塩対応してくださいって言われたところで塩対応できるようなタイプでもないし。それでまた来てくれたりするの、つらいんですよ。

私とチェキ1枚撮るのに1000円も払ってもらうのも嫌。10枚も買ってくれる子もいて、ホンマにやめてほしい。私のチェキにそんな価値はない。100円でいいです。

私はそれっぽいこと言ってるだけの、ただの他人なわけですよ。そんな私に理想のたぬかな像を重ね合わせて、すごい人みたいに思ってくれて、1枚1000円のチェキを何十枚も買ってもらうの、怖いですよ。返せるものがないから。

炎上する前のブロゲーマーだった私なら、自分に価値があると思ってたから、こうは思わなかった。今の私は稼ぐために配信で適当なことを言ってるだけの人間です。思ってもないことも言います。世間に受けそうな自分をある程度演じてるだけなので、大金を払ってもらうような価値はない。

だから、貢がれるのは苦手です。

港区女子・パパ活女子

ライトでかわいい名前にするな

港区女子とパパ活女子もSNSで繁栄したけど、「港区女子」っていう名前からして意味わかんないよな。30歳超えても「女子」やし、そもそも港区に住んでない女が大半やし、破綻しとるわ。

「港区女子」も「パパ活女子」も言葉が軽すぎる。立ちんぼが港区まで出張しとるだけなのに「女子」って自称してるのキツすぎやろ、マジで。正しくは【出張立ちんぼ～港区編～】です。

小綺麗な乞食だよね港区女子って

そりゃそうだって、立ちんぼなんやけん。自分の値段を吊り上げて買ってもらうために、一番高い一張羅着るやろ。だから港区の立ちんぼはみんな小綺麗よ。

立ちんぼするくらいなら風俗行かんの？危機感なさすぎて怖いよ

そう言うけどな、切羽詰まってるヤツとか、頭悪くて他の選択肢を考えられんヤツもおるんよ。ADHDとか発達障害の気があると「お店に電話して、履歴書を書いて、面接して、定期的に通って働く」って手順を踏めないタイプもおるのよ。

そもそも、まともな感覚があれば誰も立ちんぼなんてせんだろ。社会不適合すぎてまともな感覚がないんよ。いつでも自分の好きなときに立って働ける立ちんぼでなきゃ無理って人間もおるんよな。

ちなみに、パパ活は立ちんぼとはちょっと違う。ブスは体を売らな稼げんけど、美人は食事だけで1回何万も稼ぐ人も、体を売ってない人もおる。「茶飯のみ」って言うらしいんやけどな。セックスありの場合は「大人あり」って言うねん。

詳しいな。やってんの？

してない。私が今「茶飯のみ一万で」って募集したら、多分5人目ぐらいで英雄になりたいチビが来て刺されるからさ、割に合わんのよ。

パパ活やる女ってバカよな

全員がバカなわけじゃないよ。若いうちに女を使って稼いで起業しようとか、整形して美人になって男を捕まえようとか、そういうプランを練ってる女は賢いし、嫌いではない。自分を高く売れるときに売ってるだけやからな。

でも何のビジョンもなく、適当に港区女子とかパパ活女子やって楽に暮らしてる女は嫌いやな。大体30歳くらいで需要なくなるけどさ、何となく体を売ってぬるく生きて「楽しい!」って言ってる女。こういう夜職女が年上の金持ち客と結婚して、かわいい子供産んで、綺麗な新築建てて、幸せそうに暮らしてたりすんだよ。

結局、嫉妬に帰結してしまうんよな。**何も考えず適当に生きてきただけなのに**

成功して幸せそうな女さんを見ると、ホンマに嫉妬で気ィ狂いそうになる。無理！

ノープランで夜やって、うまくいく女もおるんやろうな…

いや、でも、そんなん絶対いい女じゃないって。流されるだけの女や。学生時代だって絶対勉強してないし、資格なんて１個も持ってないし、車の運転も下手やし、ゲームも下手で、自分１人で時間をつぶせんからずっと男に依存して、男が仕事忙しかったら「仕事と私どっちが大事なの？」って聞いてくるって。

ホンマにその女がいい女か？ **そんなことない！** 絶対そんなことない…違う違う違う違う違うゥ…。

まんこ二毛作はこうして生まれる

まんこ二毛作*が話題になってきたね

＊10～20代に自らの意思で性を売り物にして稼いだ女性が、年齢を重ねてから『私は搾取されていた』と主張して再び稼ぐ被害者ビジネスを揶揄した言葉

まんこ二毛作って、ちょっと不幸に酔ってる女がやりがちよな。つらい恋愛してる女とか、セフレ扱いされてる女とかは「辞めろ」って言っても辞めへんやん。つらい恋愛をしてるかわいそうな自分に酔ってるとこあって、実は結構楽しんどるんよ。いつもはひどい相手が優しくしてくれるとめっちゃうれしくなって、気分のアップダウンを楽しんでる不幸中毒なんやね。もうドーパミンドバドバやからさ、幸せになりたいって言うくせに、幸せになろうとしてないよな。

大事にしてくれる男よりも、そういうジェットコースター気分を味わえるダメンズを好きになって、結婚してもらえなくて、見た目はちょっと小綺麗だけど職歴もない女が30代半ばで恋愛市場に放流されて、今まで性を使って得た男の恩恵

がもらえなくなって、「ちょっと待って、私って今まで性的搾取されてたよね」って怒り出して、まんこ二毛作し出すんですね。

私達は買われた、ってやつ

ホンマに黙れって思うよな。**自分で性を売り物にして飯食ってきたくせに何言ってんねん。**

私も配信に視聴者が集まらんようなったら「性的搾取された！」ってでかい声で言おうかな。「実はこうやって過激発言してきたのは、女性差別があったからなんです」「昔チン凸されて、セクハラを受けていました。みなさんが勝手に送ってきて……」とか適当なこと言ってさ、そこら辺のようわからんフェミニストを味方につけて稼ぐか。まんこ二毛作ってそういうことやん。

弱男の意見に沿った発言でおもしろい

私は男女問わず弱者を馬鹿にしてんねん。でも「お前は何?」って聞かれたら「私も底辺です」って思うから、底辺同士で仲良くやっていこうってスタンスかな。弱者同士で集まってシェアハウスしたいよな。みんなあんまり稼がれへんけんさ、老後はシルバー人材派遣センターで細々働いて一人月3万ずつ稼いでさ、シェアハウスで暮らしたら楽しいかもしれんよ。か弱きホビット村の村長としてやっていくわ。嘘やけど。

文春騒動

某芸人の性加害疑惑、どう思う?

＊大物芸人が、後輩芸人がアテンドした複数女性と都内高級ホテルで会合し、女性に性行為を強要したと週刊文春が報じた

1泊30万ぐらいするホテルに女の子を呼んで、無理やり性的な行為をしたって

話な。文春の有料の記事も買って読んだけど、後輩芸人が素人の女の子を「今日はVIPが来るからドタキャンしないでね」って念押ししてからホテルのスイートルームに連れて行って、そこでチョメチョメしたって書いてあった。連れて行かれた女が「嫌だったのに無理やりフェラさせられた」って文春にリークしたらしいな。

正直さ、ホンマに被害受けてつらかったなら警察行けばよかったやん。今になって週刊誌に言うんは、話題にしたいだけって感じがするよな。未成年をどうこうするのはあかんけど、成人やろ。しかも、アテンドした後輩芸人からホテルのスイートルームで開催するって事前に伝えられてて、金ももらって、それでタレこむのってどうなん？

って思ったんでね、そのお気持ち表明のツイートをしてみたんですよ。ちょっとバズるかなって期待込みだったんやけど、案の定バズりました。賛否両論でな。

Xが盛り上がってましたね。たぬかなさんがまた人気になりそうで寂しく、うれしい

いや、人気ではないだろ。「男に媚びるためにこういう発言しかできないかわいそうな女」「たぬかなは、お金を払ったらレイプとしていいって考えを助長している」とか、マジで意味不明な論調で叩かれたわ。誰がレイプしていいって言った？そんなこと一言も言ってへんのに、ツイッタラーってマジで上の2行ぐらいしか読まれへんねん。馬鹿すぎへん？

そうやなくて、ホテルのスイートルームだって分かったうえで、芸能界で優遇してもらえるとかＶＩＰに会えるとかお金もらえるとか見返りを期待して行ったくせに、思ったような利益が享受できなかったから「レイプだった」って言うのは浅ましくない？って話をしたんだよ。

レイプはもちろんあかんで。でも、相手からお金もらってもうたら、風俗と変わらんやん。風俗嬢が稼いでから「やっぱり精神的には苦痛だった」とか言っても筋が通らんやん。お互いに下心満載で会ってるの、最初から分かり切っとるやん。

結局、不満があったってことやろ。リークした女もめっちゃイケメンの俳優やったら喜んでヤってたと思うし、1万円じゃなくて10万円もらっとったら何も言わなかったと思うよ。確かに1万円はケチくさいけど、やっぱり大物やけん、「俺と喋れてうれしいやろ。そのうえ1泊何十万のホテルで飲み食いさせて、タクシー代1万円もあげたるわ」って上からの気持ちがあったんかもな。金でしか女を抱けない男はダサいって思ってそうやしな。

一番悪いのは男側だと思うけど、1万円しかもらえんかったからって女が被害者面して週刊誌にリークするんはずるいよな。不服なら警察行っとけって話だけど、1万円受け取った以上は売春にひっかかって自分も捕まっちゃうから行けんかったんやろ。

なんにせよ「VIP有名人と会えるよ」って甘言に乗せられてホテルにノコノコついていくような女は阿呆よ。「ちょっとエロいことしたら仕事回してくれるかな、お金もらえるかな」って期待して行ったら、タクシー代1万円しかもらえんくて「フェラまでしたのに1万円か、ぐううッ」ってなって、8年越しに何かムカついてきてリークしたんだと思っちゃうよな。そもそもこんな飲み会は芸能界やったらあって当たり前で、そういう世界だってわかったうえで行くべき場所だと思ってる。

確かに、世の中には女が差別されてることもある。それは男も悪いけど、女も悪いんよ。自分が受けた恩恵を棚上げして、盲目に「女は守られるべき」とか「男女差別だ」って主張する女がおるから、全ての女が阿呆って思われるんやな。

たぬかなは二毛作女に厳しい

女側が一方的に「レイプされた」って言いふらす事案があったからな。鉄拳界隈でも、ある男とヤったことが彼氏にバレそうになって「レイプされた」って訴えを起こしたプロの女がおったんですよ。そういうのを間近で見ちゃったから、私は事後に男を悪者にする女が無理になったんです。

別に男側が悪くないとは言ってないよ。売春はあかんことやし、買った男が悪い。でも意のうえで金をもらった女が「金が少なかった」とか「雑に扱われ嫌だった」とかいう理由で、同あとから「レイプだった」って言うのはずるくない？っていう話。

集合場所をホテルに変えられたのが直前だろうが、「絶対ドタキャンしないでくださいね」って念押しされようが、危ないと思ったらドタキャンしてええやん。そんな危ない橋を渡ってまで「うまく芸能界で生きていきたい」って思ったなら、それは自分の下心や。何がどうあれ自分で決断して行ったんだったら、被害者面するんはずるいわ。男が悪いけど、女がずるい。

女ってだけでこういう被害者ムーブできていいですよね

私もそう思うよ。何かあってもまんこ二毛作できるしな。

今は挑発的なキャラで配信やっとるけど、「やっぱり視聴者にＤＭでチンチンの写真を送られるのがすごくつらくて」とか「こういう毒舌キャラでいろって、周りの男性に強要されてる気がして」とか言って泣いたら、味方してくれる女はいっぱいおるやろな。

今回の騒動へのコメントは「同じ女なのになんでそんなセカンドレイプをするんだ」みたいにすげえ叩かれたんですよ。性犯罪の話にもなるからさ、男は擁護しにくくて「女の口からこういう意見が聞けるとは」ってバズった部分もあると思うんだけど、フェミニストからは叩かれたな。

やっぱり私、女だから女の味方をしないといけないみたいな風潮は好きじゃないわ。

snack TANUKANA
スナックたぬかな
off the record

水商売のコスパ

女の子が若いうちに水商売でバーッて稼ぐのは、普通に頭いいと思います。若さという価値ある時間を有効活用してお金に換えてるわけですから。ただ、金銭感覚とか価値観が壊れてしまうことだけが良くない。金持ちの男ばっかり見て、この世の9割の男を見下してしまうんです。

特に都会は娯楽がいっぱいあるので、婚期が遅くなりがちですよね。30歳超えてから考える女が多いけど、もういい男は残っていない。いたとしても、大抵は30歳超えた女の相手はしない。とはいえ金持ちばっか見てきたから、そこらへんにいる男はゴミみたいに思ってしまう。そうやって「独身40歳の昔は綺麗だった女」が出来上がってしまうわけです。

水商売でそこそこ稼いで整形して綺麗になって、20代後半で元々の自分では付き合えなかったいい男性と結婚するっていうのが一番賢いプランですけど、贅沢を覚えてしまったら辞め時がわかんなくなるんですよね。「もっと上がいるはず」って探しに探して、年齢だけ上がって自分の価値は落ちて、誰とも結婚できなくなるんですよ。それだったらもう無整形で平々凡々とした男と早めに結婚するのが、最終的な満足度が高い。

だから水商売のコスパは高くない。年齢に応じて自分の理想を下げられる賢い女であれば水商売してもいいけど、一緒におる人によって価値観が変わってしまう流されやすい女は、最終的な幸福度が下がります。水商売最盛期の若いうちからブレない自我がある女なんてほとんどいないから、基本的には流されやすくて、不幸になると思いますね。稼ぐという意味ではコスパがいいけど、金と幸せをどう天秤にかけるかで話は変わってくる。

「若いうちは楽しみたい」って思うかもしれんけど、老後のほうが長いから。水商売で出会った金持ちの旦那が、年老いた自分をいつまでも大事にする確率は低い。どうせ若い女を囲ったりするんで、そういうリスクも考えたときにどっちを選びますか？って話です。

「それでも私は水商売で稼ぐ」って言うんだったら、どうぞどうぞ。若さとか美しさとか、使えるものは使っていいと思います。仕事だからって割り切れる人なら水商売向きです。

でも「水商売すると何かが減るよ」って意見は違うと思う。別に減らないですよ。**だって人間は生きてるだけで商品じゃないですか。**恋愛市場では「付き合えるか」「セックスできるか」ってみんな品定めしてるんですよ。友達でさえ「自分と付き合うに値する人間か」「一緒にいて楽しめるか」って一生評価してるわけなんですよ。水商売はそういう品定めが露骨なだけで、生きてる人間はみんな価値を推し量られてるじゃないですか。そこは水商売しようがしまいが変わらないです。

ただ、金銭が発生するんで、金を払った人間の失礼な言動をある程度受け入れなきゃいけない。「水商売はすり減る」って言ってる人は、昼間にプライベートで会ったら相手にしないような男に暴言を吐かれるストレスを「すり減る」って表現してるんじゃないですかね。自分より下だと思ってる男に上から来られるのがイラつく人は、水商売に向いてないです。下の男に失礼なこと言われても「金になるから」って割り切れてストレスを感じない人が向いています。まあつまり、**普通の人間は水商売に向いてないんですよ。**

ツイフェミ

ツイフェミの内情

グラビアアイドルとかコスプレイヤーの水着撮影会が中止になったね

＊埼玉県で行われる予定だった水着撮影会が「性の商品化」であると問題視され、相次いで中止となった騒動

グラビアなんてやってる人間はさ、シコられてなんぼなんよ。**「シコられていい」って思えることがグラビアの素質やん。**「私でシコらないで」って言うヤツはおらんやろ。

性的に見られることが仕事やんな

そう。仕事として「シコられてOK」って割り切ってやってるのに、急に関係ない女が「性的搾取は良くない！」とか言ってすっ飛んで来たら、黙れって感じじゃん。

私はもう超スーパー売女やから、こうやって配信とか撮影で谷間を見せてな、みんなに小銭もらったりするわけやん。それをいきなり「性的搾取されてる！」って取り上げられたらいい迷惑や。ババアどもが俺たちの仕事を奪っていくわけだ。

たぬかな、フェミニストにも叩かれるよな。あいつら女にも牙むくんやな

女であるメリットを全く享受できてなかった女が怒るんは、仕方ない現象かもしれん。そこそこかわいい女は穴モテしたりマンコ割で奢られたりするから、女であるデメリットよりメリットのほうが大きくて、あんまり不満が出てこないやん。でもそういう経験がなかった女からしたら「女だからって差別されるのはおかしい」って主張したくなるやろ。デメリットばっかりだったわけやからな。

私は男にたくさん良くしてもらったから男が好きやし、思考も男寄り。正直、飯奢ってくれんかったことなんてないもん。私くらいの中途半端な見た目でも穴はあるし、ある程度若かったら良くしてくれる。この配信も「ワンチャンたぬかなとヤれるかも」と思ってるヤツが集ってるし、そういうヤツは配信終わった後

にＤＭで「会いませんか?」って送ってくる。穴モテだったとしても、モテはするわけや。

無名時代もモテた?

17歳から20歳ぐらいまでゲーセン通ってた頃もめちゃくちゃかわいがってもらえたよ。そこは30歳半ばぐらいのおっちゃんが多かったけん、穴モテでもなく娘を見るような感じで、健全にかわいがってもらえたな。ゲームやっとる女子ってろくにメイクもしとらん芋っぽいのが多いから、ゲーム界隈の男にモテやすかったしな。

攻撃的なフェミさんも、ちょっと痩せてメイク頑張れば人生楽勝なのにかわいそうだ

美容とかファッションに興味ない人がツイフェミになることが多いよな。別に

元が良くなくてもある程度かわいくしとったら男に良くされるけんさ、男に対する憎しみはそんな暮らへんのにな。

とはいえ、女は30歳から社会との勝負が始まるな。30歳ってだけで男は責任を感じるようになって、20代までの穴モテがサアーッと引いていく。見た目もやっぱり衰えてきて、そっからが闘いやな。

まんこ二毛作はその勝負に負けた結果よ。若いときはガンガン女の特権を使ってたけど、だんだん使えんようになって「おかしい！おかしい！」って叫びたくなるの、わかるで。

たぬかなは需要あるうちにAV出ないの？

あんな、「秘すれば花なり」って言うやろう。**隠してこそ、私の乳首やまんこは神格化される。**出してしまったら一銭の価値もなくなるから隠してんねん。穴モテに期限はあれど、出し惜しみもせんとな。

オカンから学んだ女の価値

私が女の特権を重々承知してんのは、オカンを見て育ったからでもある。

高校生のとき、オカンが家を出ていったんよ。そんで、オトン一人でお姉ちゃんと私と弟、じいちゃんばあちゃんまで養わなあかんかったから、金がなかった。

オカンが出て行ったのも今思えばしょうがない話でさあ。バブルがはじけて、会社経営してたじいちゃんとばあちゃんが借金を負いましてね、住んでた家を取られちゃったんですよ。そしたら長男が「絶対引き取らんぞ」ってじいちゃんばあちゃんと縁切っちゃったから、次男のオトンの家に来ることになったのね。

私はじいちゃんばあちゃん好きだったけんよかったんやけど、オカンは「そんなん聞いてないし」ってなったと思うよ。二世帯向けの家でもないのに同居が始まってしまって、部屋が足りんからオトンとオカンはリビングで寝るようになって、しんどかったやろな。

オカンはパートしよったんやけど、じいちゃんばあちゃんの面倒見なあかんくなったけん、夜の仕事も始めたのよ。私が学校から帰ってきたらオカンが化粧してて、そのまま出かけてくわけ。夜中に帰ってきて、お父さんと喧嘩してる姿をね、よう見てたよ。

そんである日、オカンが「こんな甲斐性ない人とは思わんかった、出ていきます」って出ていった。「一人暮らしする」って言ってたけど、２ＬＤＫの家を借りてたから、絶対一人じゃなかったな。オカンには夜職で会ったパトロンみたいな人がおったんよ。

オカンが出てってから、オトンは結構借金したのね。じいちゃんばあちゃんの面倒を見ながら、子どもらを育てていくためにな。オトンは男やけん、私とお姉ちゃんには「女の悩みはばあちゃんに聞いてくれ。これからみんなで頑張っていこう」って鼓舞しとった。

オカンの事情はわかるけど、悪質だったのは弟だけパトロンのところに連れて行こうとしたことだな。やっぱ唯一の男の子やったけん、弟を超かわいがってたのよ。そのとき弟は小６でサッカーしよったから、パトロンにサッカーのスパイク買ってもらったらしい。弟は帰ってきてから「なんか、オカンに知らん男に会わされて、一緒に住もうって言われたけど、嫌や」ってシクシク泣いてんのよ。オカンは「やっぱり男の子が一番かわいい、女はええわ」なんて言うとって、私と姉ちゃんはいらん認定されてん。大人になってわかったことやけど、オカンにとって弟は愛玩子、私と姉ちゃんは搾取子なんよな。

オカンってな、馬鹿なんよ。水道代も光熱費も携帯料金もガソリン代も一切自分で払ったことなくて、オトンが全部面倒見てたんよ。そんで初めて一人暮らしするってなったわけやけど、まあ金かかるやん。2か月くらいで「生活するのにこんなにお金がかかるってわかってなかったです。オトンが稼いでくれとって、ちゃんと家を守ってくれてたのがよくわかったから、帰りたい」って言うて帰ってきたねん。多分、パトロンに逃げられたんだと思うよ。

私はそらぁムカついたから、オトンの肩を持ってオカンを責めた。「そんな都合のいいことばっかり言うな！ オトンは借金してまでみんな育てるって言ってくれたけど、お前は弟だけ連れて出て行こうとして、ほんで金が足らなくなって戻ってくるって、どんだけ虫いいんや。ふざけとんのか」って切れたんよ。

そしたらオカンがびっくりして、オトンに「あんた、子供を洗脳しとん？」とか言い出してな。違うやろってバリ喧嘩したよ。オトンは死ぬ間際になって「あんときお前が味方してくれたのはめっちゃ嬉しかった」って言ったけん、あそこで切れたんは間違ってなかったと思っとる。

でもな、オトンはやっぱりオカンが好きすぎるから、オカンが帰ってきたときも「ええよ、帰ってこいよ」みたいな感じで、ずっとオカンに甘かった。ホンマに男は女に弱いよな。

まあ、娘から見てもオカンはちょっと綺麗なんよ。ババアではあるんやけど、ちょっと熟れ系美人ではあって、オトンは死ぬ直前までずっとオカン大好きだったけん。オトンのめちゃくちゃいいとこは、若い女に全く興味がなかったことかな。オトンが献身的にオカンを愛しとんのを見て、やっぱり一途な男が理想だと思ったわ。浮気せえへん男ってめっちゃいいよな。

オカンはオトンが死んでから、しばらく鬱になったよ。あんだけ自分を愛してくれとう男がいなくなったからな。今はだいぶ回復して、新しい男とデートしとるけど。今はオトンが残した借金も私が返済して普通に生活できるようになったけん、家族みんな仲直りしたんやけど、こういう事件があったからオカンは馬鹿やと思ってる。

ただ、かわいそうだったとも思うよ。元々はじいちゃんばあちゃんがすげえでかい会社を一族経営してたから、ちっちゃいころは家にでかい水槽とかあって、裕福だったのよ。そういう家に嫁いだと思ってたのに、急に会社が潰れてじいちゃんばあちゃんと同居しながら貧乏生活を送ることになって、しんどかったんだろうなってのはわかる。

正直、オトンが生活レベルを落とせば借金もせんでよかったと思うんよ。タバコとか酒とか趣味の浪費をやめたら、有り金だけで生活できた。でもオトンは生活レベルを一生落とせへんかったし、それで子供を育てるってなったから、あちこちに借金して回った。今はそういう事情がわかるからオカンを許せるけど、当時は「ホンマにくそ勝手なオカン！」ってめっちゃ切れてたわ。

私はオカンが子持ち既婚者の40歳でもパトロンがついて、家出してもオトンに許されたのを見てたからさ、やっぱり女の価値は大きいと思ったんよな。私は女でよかったと思うよ。

snack TANUKANA
スナックたぬかな
off the record

平等を謳うなら特権は捨てろ

女は許されることが多いですよね。27歳の女が「フリーターです」「派遣です」って言っても変な目で見られないけど、27歳の男が「フリーターです」「派遣です」って言ったら白い目で見られるじゃないですか。

楽に生きていきたいなら、女が絶対有利。女は仕事に就いてなくてもいいし、年収が低くてもいい。若さを最大限活用すれば、卒業してすぐに結婚して専業主婦になって、ほぼ働かずに生きていけます。でも、男は卒業したら死ぬまで労働することがほぼ確定しているから「女が楽じゃね？」って思うわけです。

うつになったりして病む人も、仕事でメンタルやられる人が多いんですよ。仕事中にめちゃくちゃ怒られたとして、女だったら泣いて許されることもあるじゃないですか。泣いたからってそこまでドン引きされることってないじゃないですか。でも男が怒られてボロボロ泣いたら「こいつヤバい」ってなってしまう。腫れ物扱いされてしまう。

男みたいに仕事で活躍したいって女にとってこの世は不条理かもしれんけど、世の中の大半は周りに流されて楽に生きていきたい人間なわけで、だったら女のほうがいい。どう考えても、楽で有利なのは女です。

戦争が起きたら闘いに行くのは男。女や子供は守られる存在で、いざとなったら男が前に立って守ってくれる社会じゃないですか。私は守られるのが好きなんですよ。何か起こってきたときに、男性は絶対私のことを守ってくれるじゃないですか。特権を享受して楽に生きられるなら、男より下でいいです。

働かなくても認められる。泣いたら許される。困ったら守ってもらえる。これは女の特権なんですよね。特権を持ったまま「不平等だ」って叫ぶのはおかしいと思う。まずは自分らが特権を受けてることに感謝しないといけないんですよね。

特権を捨てて男と同じ責任を背負って社会で生きていく覚悟があるなら、男女平等を叫んでいいと思いますよ。危険人物が来たら闘いに行くし、進んで重い荷物も持つし、仕事でも甘えない。それができたら、女も男と同じ高さに立てるんじゃないですかね。

私はそんなん嫌やけど。

VTuberオタク

VTuberはフィクションです、お前は養分です

たぬかなはVTuberの配信を見ないんですか？

見るわけないだろ。なんでVTuber見なあかんねん。私はな、絵の仮面を被ってリスクなしで配信しとるヤツは全員嫌いなんよ。

VTuberがなんで支持されるか、わかります？アニメキャラクターみたいな存在が、優しく相手をしてくれるわけですよ。なんなら色恋もしてくれて、恋人がいないふりもしてくれるわけですよね。物販で万人にエンゲージリングを売ってくれるVTuberだっているわけです。

それはもうねぇ？現実世界でモテない弱者男性はうれしいでしょうね。

VTuberって福祉ぽいよね

そうやね。それに気づかないくらい阿呆なほうが、世の中幸せに生きられるよな。

VTuberの〇〇は男性恐怖症だからガチで男性経験ないぞ

うわっ！うえ、ヴェヴェヴェ、げほ！

「男性恐怖症で男性と付き合うのは無理」とか言ってた某お天気お姉さんも、男がいるのバレて大変だったらしいな。でも、推してる女が男性恐怖症だって信じれる純粋な心が、今の人類には欠けとんのかもしれんな。

VTuber信者なのはええけど、手取り16万なのに4万もスパチャ（YouTubeの生放送や動画で、チャットを有料で書き込む投げ銭機能）するようなヤバいヤツは、もっと自分のことを考えろよな。

VTuberとか余裕で金持ちやん。都内に豪邸建てられるレベルの貯金もあるだろ。**年収1億みたいなVTuberに、何で手取り16万のお前らが4万**

も投げるわけ？しかもコメント読んでもらうためにに投げるとか、背伸びしすぎで頭おかしいわ。

っていう話を配信したらさ、本物のV豚（VTuberオタク）にXでめっちゃ怒られてん。お叱りのリプライが8連発来て「逆にネタかな」って思ったんやけど、ガチでヤバい本物みたいやから紹介するわ。

別に手取り16万で、スパチャ投げてもいいだろ、手取り16万で趣味にお金を使ってはダメということなのか？

VTuberのほうがお前より人気やしかわいい

俺身長166㎝ですが、人権ってありますか～wwwたぬかな復活してたんやなw

あとVTuber好きなやつが弱男とか言ったこと撤回してください、マジ

で頭に来た

他人をホビットとか言ってる差別主義者にはなりたくないな。人を馬鹿にする前に自分の立場をわきまえろ

とにかくVTuberを馬鹿にしたことだけ、配信で取り消せ！

手取り16万でスパチャしてるのは、バカでもっと自分を大切にしろって、自分を大切にしてくれてる子にスパチャしてもいいだろ

まあ、たぬかなもVTuber嫉妬するのはわかるけどな、声もかわいくて、胸も大きくて、優しくて、肌もきれいで何一つ勝ててないやんw

句読点からヤバさがにじみ出とるよな。
とりあえず、最後のリプライのVTuber解釈が突っ込み満載すぎるわ。

声もかわいくて

これはわかる。

胸も大きくて

絵です。

優しくて

演技です。

肌も綺麗で

絵です！

絵と演技、です!!

すごいよ、お前。ＶＴｕｂｅｒめっちゃ好きやん。負けたわ。「取り消せ」って言ってるし、さすがにこの配信で撤回しようか。

ごめん、お前には負けた。お前の愛がめっちゃ深かった。ＶＴｕｂｅｒは素晴らしいよ。

でも、お前は敗北者じゃけえ。句読点が敗北者じゃけえ！

ＶＴｕｂｅｒは乳もでかくて、肌が綺麗？おぉ、絵やもんな！そら絵じゃ！しかも乳なら、大体のＶＴｕｂｅｒの中身より、私のほうがでかい！

おもろかったのが「別にお金投げたっていいやん、俺のこと大事にしてくれる子にお金使って何が悪いん？」って主張やな。

ＶＴｕｂｅｒが、お前のこと大事にしてくれる子？

もうそういう価値観なんやな。やっぱり距離感がわかってないんやろな。あのなあ、ＶＴｕｂｅｒがお前のこと大事にしてるわけないいやん。養分としか思われてないよ、池沼の養分だよ。吸い取られとる状態を「大事にされている」って捉えられるのは幸せやな。

しかも私はＶＴｕｂｅｒを馬鹿にしてない。お前のことを馬鹿にしただけや。「Ｖ豚キモい」って言っただけなのに、なぜか「ファンの俺たちを馬鹿にする＝ＶＴｕｂｅｒを馬鹿にしてる」って拡大解釈してしまうのよな。ＶＴｕｂｅｒの養分でしかないのにツレだと思ってるから、「俺のツレを馬鹿にした！」って怒ってしまうんよな。句読点の使い方がすごいお前は、おそらく私の切り抜き動画を見るだけで、この配信に来れるほどの知能もない。

やっぱりさ、ＶＴｕｂｅｒってこういうヤツの相手してんのすごいな、普通に。この感じからして、Ｘの名前も本名かもね。偽名を使うみたいな発想はないかもしれない。

昔はこういうヤバい発言は釣りだと思ってたけど、たぬかなの配信でホンマモンがいるって知ったから怖いよ

そうなんよ。実際におんねんな。多分コイツは本物や。

私の視聴者だったら、私が叩かれてバカにされても「たぬかなはこういう芸やし、しゃあないやろ。ププッ」みたいな距離感でおってくれると思う。いっぱい炎上してるけど、私を叩くコメントに「たぬかなさんをいじめるな！」みたいなキモいリプつけるヤツはおらんやん。それは私が視聴者を「お前と私は別やから」って突き放してるからでもある。配信でも「いくら投げ銭してくれても私は何もしてやれないから、お前は自分の現実をしっかり生きろ」ってずっと言ってるやん。

けど、VTuberは「みんな幸せになろうね」みたいなお友達営業するやん。「みんなのこと大好きだよ♡」「友達じゃん！」って言ったりするやろ？**そんなわけないやん。ただの養分やから。**

このＶ豚もそういうお友達営業してるＶＴｕｂｅｒにハマっとるから、こんなキモいリプライしてしまうんやろな。自分の家族が誹謗中傷されたぐらいの熱さやもん。

推しが真実をちゃんと突きつけるかどうかで、お前らの人生もまあまあ変わるから、気ィつけろや。お前はお友達じゃなくて、養分やで。

snack TANUKANA

スナック たぬかな

off the record

人嫌いの寂しがりが救いを求めるVTuber

VTuberは、人嫌いな現代人がそれでも人と関わりたくて生み出した存在だと思う。人嫌いなのに関わりたいって矛盾しとるけど、弱者男性にはあるあるなニーズです。

モテない弱男のなかには「大半の女は俺を愛さない。でも、俺を愛してくれるようなレベルの低いブスは愛したくない。綺麗な女に愛されたらやぶさかではないけど、愛されないことは理解しているので、俺は誰も愛さない」って考えてるような、ミソジニーをこじらせた男が結構おるんですよ。

それでもやっぱり寂しくて女を求めてしまうときに一番都合のいい相手が、**金さえ払えば応えてくれるＶＴｕｂｅｒ**。人嫌いの孤独な寂しがりが求めた理想像がＶＴｕｂｅｒで、唯一の救いでもあるんです。

ＶＴｕｂｅｒと水商売の違いは何かって？

たとえばトー横女子にとってのホストは同じように「人嫌いの寂しがり」に救いを与える存在だけど、結局それなりのお金をガツガツ要求してくる。だから、ある程度の金額を貢いだところで「結局金なんだ」と気づいて辞めてく女の子が多いですよね。

でもＶＴｕｂｅｒは能動的に働きかけてこないし、貧乏人でも投げ銭ができるから、延々と沼りやすい。とはいえ、人気のＶＴｕｂｅｒは１００円くらいじゃ反応してくれないんですけどね。

お前はお友達じゃなくて、養分やで

—LIFE—

KIRALIS0527
光のヤリマン闇のヤリマン話みんな唸ってたわ。
ぷひ123
女は情報と寝るってコト？
負け戦
ちんこがトロフィーか
YUKINI_NONAKA
陰キャのほうが承認欲求高い
GORONEKOSANA
陰キャほど穴モテにハマらん？
KARONAN_7777
おい！たぬかな！俺はホビで童貞だぞ！
くそパンダ
阿波谷 童尼

性的承認欲求乞食

闇のヤリマン

》求めるはトロフィーチンポ

たぬかなのヤリマン論聞きたい

世の中には光のヤリマンと闇のヤリマンがいる。パパッと後腐れなくヤって爽やかに帰っていくのが光のヤリマン、浮気不倫何でもござれで人間関係グダグダのボロボロにするのが闇のヤリマン。

別に光のほうはヤリマンではないよね

ヤリマンよ。精査せずにいろんな男とヤるけど、相手がいる人とか無理そうな人とはヤらないってだけ。**ただ単にセックスが好きなヤリマンが光で、女がおる男を寝取ったりして精神的な優越感を得たがるヤリマンが闇やね。**

女は性欲のためじゃなく承認欲求のためにセックスする闇のヤリマンがおんね

んな。純粋に性が好きな光のヤリマンがいいヤリマンだよ。

バンドマンとやたら寝たがる女とかな

そうやな。バンギャがバンドマンを出待ちして、見つけてもらってヤってほしがったるんは、承認欲求によるマウント欲。「私はあのバンドマンにヤってもらったんやで」ってほかのバンギャに言いふらしたいねん。

バンギャは金払ってでもヤろうとするからな

「私、あの人とヤったよ」って言えば、そこらへんの凡百のバンギャにマウントが取れるからな。**コーナーで差をつけろ！俊足！**って感じです。

女は情報と寝るってこと？

強いオスという情報が一番気持ちいいし、抱かれることがトロフィー。

女から『周りからの評価が高い人を好きになる』って言われたことはないけど、本質なんだろうな

うっすら理解はしてても言語化できてるかはわからんし、私は品がないからこういうことを言うけど、品のある女は言わない。**何より男に受けへんから「周りから評価されてる人が好き」なんて言わない。**

これを聞きたかった男と言われたくない女ってめっちゃ多いと思う

でも無意識すぎて自覚してなかった女も多いんじゃないかな。

原始時代からそうだよ

メス猿はボス猿とヤりたがる。どの界隈でも一番上の男がモテるし、女のトロフィーになるな。「界隈で一番の男」という情報と寝たいのよ。

トロフィーワイフじゃなくてなんやろな

トロフィーチンポだよ。だからモテたい男は、どんな界隈でもいいから一番権力ある者になること。そしたらそこでは絶対に一番モテる。

鶏口牛後だぁ！

そうです、これが鶏口牛後、鶏口となるもの牛後となるなですよ。オスならトロフィーチンポにされるために昇り詰めろよ。見た目とか金ももちろん大事なんやけど、界隈で1位になるのがやっぱり強いわ。**ゲートボール界隈でも、ゲートに玉くぐらすの一番上手いじじいがモテる。**じいばあでさえそうなんやけ、みんな身近にある小さな界隈を見つけて、そこでボス猿になればいい。

今のうちからゲートボールやって差をつけろ！

もうだいぶ先見据えてんね。

小さき猿山のボスが穴場

俺は歌で一番になる！

歌で一番はムズいな。大きい界隈は競合が多いから、小さめの界隈を狙ったほうがいい。みんなが趣味でやってる小さいカラオケサークルがいいんじゃない？そこで一番うまくなったら、サークル内の女にモテると思うよ。歌い手も歌ってみた界隈で人気が出れば見た目や収入関係なくモテるやん。

お年寄りしかいないスナック行くとめっちゃかわいがられて楽しい

これも小さな界隈で「一番若い」という武器を使っているわけやな。界隈で１位になれなかったら、もっとちっちゃな界隈探せばいいから。できるだけ得意なことで、できるだけ小さなコミュニティから攻める。

しかしながら、闇のヤリマンを引き寄せてしまいませんか？

引き寄せるけど、あなたが闇のヤリマンを普通の女に変えてやることもできるんですよ。女って男次第で変わるんで。

女は心の傷から闇マン化してることが多いから、だれかが本当に愛してやれば、闇のヤリマンを光のヤリマンに変えてやることもできる。闇のヤリマンが寄ってきたら「俺がお前を戻してやるよ」って言うて、しっかり愛してやれ。

ヤることでマウントをやたら取ろうとする闇マン行為は、自信のなさから来る

のかもしれない

自信がないから穴モテでマウント取るためのセックスをする闇マンは、しっかり愛されたら治ったりすんのよ。「私はこの人に愛されてるから、もう悲しいマウントなんて取らなくてもいいいんだ」っつって、治ったりすんの。

親が自殺したって人、闇のヤリマンだった…

確かに家庭環境が悪いと闇マン化することもある。そういうのはちょっと深刻やな。リストカットとかオーバードーズ系の闇マンも愛で治すことはできるけど、かなり時間がかかると思ったほうがいい。めんどいのは、愛されると「優しいだけじゃつまんない」とか言ってつけあがったりするんよ。だから正直関わらんほうがいいと思うけど、どうしても好きならって感じやな。大体は加齢とともに落ち着いてくるものの、若い闇マンは相当時間かかる。

ワイの元嫁は36歳だけど、現在進行形でメンヘラよ

でも、さすがにＳＮＳに手首切った写真を載せたりはしないやろ？甘えを許してくれる人にだけメンヘラっぷりを見せるタイプじゃない？

加齢とともにリスカをやめて、ヤフコメに傷跡を残すようになるのだろう

それは名言やな。

こう言ってるたぬかなも、「猿山のボス」という情報をしゃぶりたい女か

そう、強いオスという情報が一番気持ちいい。**私はインフルエンサーやから、インフルエンサーという猿山の頂点にあるチンポをしゃぶりたい。**それは自明の理です。女はみんなしゃぶります！これが、猿山の１位理論です。

間男

闇のヤリマンの燃焼材

間男

23歳、181センチ、78キロの大学生です。私は長い間好きだった彼氏持ちの女がいて、その女で童貞を捨てました。今思い出しても最高の夜でした。ウワキックスは最高で、やっと彼女が自分を向いてくれて、2人だけの秘密を持てて、ただの友達から変化することができて、数日間は人生で一番満たされていました。

だけど数日後、偶然その女と彼氏が楽しそうに話してるのを目にして、一気に冷静になりました。自分はただの浮気相手で、その女の心の隙間を埋め合わせただけの男であることに気がついてしまいました。

彼女が寂しくなったときにしか振り向いてもらえないけど、セフレになって好きな女とウワキックスし続けるか、自分の正直な気持ちを伝えてけじめをつけるかの二つで迷いに迷って結局、正直な気持ちを全て伝えました。

答えは『友達以上だけど、今の彼氏を大切にしたいから、恋人関係にはなれない』とのことでした。その女と私の友達はほとんど共通の友達で、誰かに話したら絶対に浮気とばれるので、誰にも話せませんでした。そのせいでフラストレーションがたまってます。

たぬかなさんにはこの話を配信で取り扱っていただき、お焚き上げしてもらいたいです。率直な感想をお願いします。あとこんな経験をすることもできないホビたちを見て、心を癒したいです。


こいつゴミやな！ホビットを馬鹿にすることで癒されたいから、ちょっと配信に出してくれと。相談したいってよりは、取り上げてほしいってことね。

でもさ、高身長オークのお前はホビットにマウントを取りたいんやろうけど、実際は彼氏にしてもらえずセフレにされて、相手の女は2本のチンポで大学生活を楽しんでるんやろ。**真面目に告白したのに「あなたとは友達以上だけど恋人関係になれないの〜」ってカスみたいなこと言ってくるヤリマン、まだ好きなん？**

その女はクズのヤリマンやし、どうせ病気持ちやで。

「1回ヤれてよかった」って軽い気持ちで遊べるならセフレでええけど、ガチで好きな相手をセフレにしたらあかんと思うね。彼氏持ちの闇のヤリマンに食われたとて、お前も責められるから周りにも言われへんよな。

タダマンで童貞卒業できたんがうれしいんかもしれんけど、よくよく考えたらそいつはただの浮気ヤリマンやん。もうクソだってわかったんやけん、早く嫌いになり。大事にしてもらえん相手に時間と金を遣うのはホンマに無駄。そんなに熱く想ってる時間が無駄です。もう忘れてしまいなさい。

ヤリマンに沼ってた時期あるけど、無料風俗嬢って認識したらQOL上がった

ヤリマンなんてタダでヤれるんやけん、風俗嬢以下よ。そんで、お前は「こんな経験をすることもできないホビたちを見て、心を癒したいです」とか言うとるけど、そんなヤリマンのホンマの彼氏とのペッティングを盛り上げる燃焼材として使われてるだけや。「私、こんなウワキックスしちゃってるのに、今の彼氏にも愛されてる、キャー」みたいな。

ホビットたちにマウントを取るどころか、逆にマウント取られてもおかしくないで。クソ女のオモチャになるな、バカめ。

一応童貞をタダで卒業できたってことは、その女からヤってもいい認定はされたんだろうと思う。まあどうせ燃焼材にするだけやから、大してハードル高くないと思うけどな。ただ、ホビットたちがその女にヤってもらえるかは別の問題やから、そこは差があるかもしれん。

急に反転して刺してきた!?

いつでもお前らのことは刺す準備してるから。

間男のくせに自分のことしか考えてない感じが童貞って感じ

童貞がw 童貞卒業したばっかりの元童貞とw 喧嘩してるw ちょっと〜、童貞

同士で戦うなって〜w
この間男もまだマインドが童貞なんよな。お前らバトってるけど仲間やけん、仲良くせぇよ。

その女が優しいのは彼氏にバラされたくないからやぞ

そうだね。気の迷いで一発ヤっただけで、お前のことなんて「本当に気持ち悪い、もう関わってほしくない」って思っとるかもしれんよ。けどバラされたら困るから「実は友達以上だけど、恋人にはなれないの〜」とか言って、ちょっと優しい言葉で煙に巻いてるだけやん。

童貞食ってみたかっただけかもしれんもんな

たまに食う童貞はかわいいからな。

間男

冷静になったオク。。ホビのみんなごめんね、たぬかな様ありがとう

しょうもない思い出も、これから先のオナネタにはできるからいいんじゃない？お前も下半身に血がいって、IQ下がってしまったんだと思うわ。1回抜いてから、もう1回その女のこと考えてみ？ホンマに好きか？みんなを不幸にする闇のヤリマンでしかないぞ。

オタサーの姫

生存戦略としてのオタ姫化

オタサーの姫ってSNSでも人気出るよな

視聴者から大金を巻き上げる女配信者は、オタサーの姫における最終形態だと思うよ。別にそれを責めるつもりは…あるんやけど、まあオタサーの姫としては正しい形だと言えるだろうな。

ゲーム界隈にもさ、オタサーの姫的なゲーマー女が現れたりすんねん。あるゲーセンにそいつが来て、閉店の時間になってから「もう遅いから帰る足がなくて」って言い出してさあ。「鉄拳教えてくださいよ〜」って男のケツと太ももをめちゃくちゃなで回すねん。その男も「これは女慣れしてない男だったら一瞬で落ちるだろうな」とグラついたものの、オタサーの姫も鉄拳勢だったけん、同じ界隈やからさすがに抑えたらしい。知らん女だったらいってたって言うてたわ。結局、別の男が車で家まで送ってやったんやけどな。
その姫はな、そういうんをマジでみんなにするらしいねん。もう30代後半やのにすごいよな。やっぱりエロい女が好きな男は当然おるから、エロさも武器やん。まあそらアラフォーでもモテるだろうな、男も金を出すやろうなって思ったね。素晴らしい女の武器を持ってるよ、彼女は。

たぬかなも認める強さ

オタサーの姫って「普通の男から相手にされないから、一段下がった狩場で男探しをしている女」ってだけなんよ。強者ではないけど、複数の男から選べてる時点で弱者でもない。普通の女が生存競争を勝ち抜くために、自分の価値を理解して戦える場所を探して努力してるっていう、賢い戦略でもあるんよ。下の界隈とは言え、その中で一番いい男を選べばそこそこマシやから。

私がオタサーの姫をあまり責められへんのは、私も男がおらんかったらそうい

う振る舞いをするからなんよ。ゲーセンに入り浸ってたときは不特定多数にオタサーの姫をしてたんで、楽しくなっちゃう気持ちはすごいわかるんよな。思わせぶりなことをして好きにさせたり。

けど、独り身でもないのにヤりまくってる姫を見ると「ちょっと待て、お前倫理観どこいった？」ってなるな。ゲーム界隈にも配信界隈にもいらっしゃいますけどね、はい。

穴モテの魔力

ちょっとヤるだけで、みんな優しなるからな。顔がブスでもまんこを貸し出せればすぐ姫になれるっていうのは、めっちゃ強力。喋りがおもんなくてもブスでも超チヤホヤしてくれて、ドーパミン出るねん。

私もゲーセンの姫時代に29歳童貞男と付き合ってなかったら、ゲーセンの男全員に膣を貸し出して、完全な姫として君臨できたと思うよ。そういうの「膣ドカタ」って言うんやけどな。

29歳童貞で、たぬかなに筆おろししてもらえんの？

しましたよ。29歳童貞は素人童貞やったけど、ちょっとこじらせてる感があったな。私のことをめっちゃめちゃ好きになってくれて、2年間付き合った。

でも、2年経ったら「29歳童貞だったけど18歳の女と付き合えたし、俺、もっといけるんちゃう？」みたいなノリで調子乗り出してさ、ほかの女行ったろかな的な匂わせしてきて、超ダルかった。そんで別れたけどな。

なんか童貞ってさ、たった1人うまいこといったらすぐ「俺はいける」って勘違いするやんか。それがめちゃくちゃムカつくねんな。**お前がいけるわけないやろ、ピュアな童貞だったから相手にしたんやぞ！**何を調子に乗ってんねん。

膣ドカタ

≫劣等感を埋めるため、キープ穴に邁進

どうしたら女に愛される？

男女の愛情って鏡やから、ちゃんと愛したら愛した分だけ返ってくるもんなんよ。男女に関わらず、人間関係はあげた分だけ返ってくる。あげても返さんヤツもおるけど、自分があげなかったら何も返ってこんから、あげないことには始まらん。

男が適当な愛情しか渡さなかったら、女も適当な愛情しかくれん。若いときに「寂しいから」とか「とりあえずヤれる穴が欲しい」とかで妥協して適当に付き合った女、いません？私も何となく付き合った人がおるけど、そういう人は100%愛せないじゃないですか。「好き」とは言いつつも、とりあえずキープする穴ぐらいの扱いしてまうやん。それはちゃんと愛してるって言わん。

そうなんか

あッ、童貞だから穴にできる女すらおらんかったな、ごめん。ちょっと難しい話だったな。みんなのレベルを忘れとった。何を言ってるのかわからんかったよな、傷つけてしもうたな、ホンマにごめん。こうやって人は弱者を無意識に傷つけるんよな、かわいそうに。

やめてくれ、その技は俺に効く

そやな、自分に置き換えようとしてもわからんと思うけん、お友達で考えてみ？みんなのお友達で、女をキープ穴にしとるヤツもおるやろ？

お友達もいないんだったら、もうこの話はやめにしよう。

おらん

そうかぁ、友達もおらんかぁ。つらくなってきたな、かわいそうにな。

えー、みなさん、今日は「キープ穴」って言葉だけ覚えて帰ってください。モテ男はタダマンという名のキープ穴をいくつか持ってるんです。

キープ穴にされとる女はチャラ男に遊ばれてる自分が嫌いじゃないんです。「モテ男に相手にされる自分は、モテる女なんだ」と思い込んでます。「モテる男から相手にされる」って勘違いして、自分と同じレベルの男は見下してる。でも、実際のレベルがどうかってのは冷静に考えたらわかりますよね？

この理論で、陰キャ女は闇のヤリマンになりがちなんよな。「穴を使えば格上の男からモテる」って気づいた瞬間に、劣等感を埋めるためにすげえヤリまくって経験豊富になったりすんのよ。

snack TANUKANA
スナック
たぬかな
off the record

平凡女は30歳超えてからがチャンス

「女は30歳超えてからが勝負」とは思うけど「女は30歳超えたら終わり」とは思ってないです。美女に対するコンプレックスを膨らませ、日々失われゆく若さにすがっている闇のヤリマンや膣ドカタにはよく聞いてほしい。

「オカンから学んだ女の価値」で紹介した熟れ系美人のオカンは女に嫌われるタイプ。私でさえ女友達が何人かはおるけど、オカンは女がイラッとする行動をするからゼロです。もう還暦近くて、同世代の知り合いだとちょっと老けちゃってる女が多いんですが、平気で「運動しないとか信じられな〜い」「お肌のケア、何もやってないの〜?」みたいなこと言うタイプ。年の割に美人やし、インストラクターやから体鍛えててスタイルもよくて、でもちょっとバカっていう男受けするタイプなんで、女からするとより一層ムカつくわけです。

でも**50代で美しい人って20代で美しい人より希少性が高いから、中高年の男から超モテます**。中高年男性からしたら、さすがに20代の美女は色々きついし(相手にしてもらえないし)、50代の美女のほうが話が合って、口説きやすいじゃないですか。中年でノー整形のナチュラル美女ってめっちゃ少ないから、オカンは40代以降もめちゃモテですよ。40歳で家の経済状況が悪くなってスナックで働きだしたときも、すぐにパトロンできてましたしね。

「若い子には勝てない」なんてことはなくて、ただ戦うステージが変わるだけやと思うんですよね。そりゃ50代で20代にモテるんはキツいかもしれんけど、女やって自分の年齢に合わせて付き合いたい男の年齢も上がっていくじゃないですか。ワンナイトだったら若い男と遊ぶんも楽しいかもしれんけど、ちゃんと付き合うならそんな若い男と話しても楽しくない。やったら同性代の男にモテるように美しくあろうとするのが大事やと思います。

「30歳超えたら終わりやから、もう磨かなくていいや」みたいなのは良くない。若さが失われる30代以降こそ、がんばったら大きいリターンが待ってるし、モテる未来がやってくるんですよ。同年代にモテようと思ったら何歳だろうと戦えるんやと啓蒙したいですね。

―LIFE―

GOODBNGOOP
障害者についてどう思う？

HORITTER
軽度の知的のかわいい女の子、風俗で出てきたことあります。

CHT_KUBOSO_TOMOKI
はじめまして。27歳男性、年収2600万バツイチです。たぬかなさんの顔と性格と声が好きです。飯友になりたい…（切実）

IMOTRI_BYURG
大学1年生です。彼女できる気配ゼロです。Tinderも全然マッチしません

朋トモ
聞いててつらい、この話やめよ

社会的弱者

障害者

まともな身体障害者

障害者についてどう思う？

地元の徳島におるときに、ブラックな設計事務所からユニクロに転職したんよ。大きい企業やから障害者雇用枠があって、その店舗には梢さんっていう40代後半ぐらいのおばちゃんがいてな、私はこずこずって呼んでた。

こずこずは半身不随やったかな、びっこ引いてて顔半分が麻痺してる感じで、あんまり良くない扱いを受けてたのね。知的障害ではなかったから話はできるし本人も「接客したい」って言ってたんやけど、やっぱり喋るんがめちゃくちゃ難しいから、ほかの店員は「自分がやるんで」ってあしらって、やめとけみたいな雰囲気が出てたんよ。やらされるのはトイレ掃除ばっかりで、2時間もかけて外のトイレを掃除してた。

私はこずこずのこと結構かわいいなと思ったから、仲良くなって一緒に昼飯行くようになってん。近くのお弁当屋さんとかうどん屋さんとかな。そしたら「**私と昼ごはんに行ってくれる人なんておらんかった**」ってめっちゃ喜んだんよ。もう10年以上働いとったのに、誰も行ってくれへんかったんやって。「やっぱり私がこんな感じの喋り方やから、一緒にいても楽しくないし、恥ずかしいって思われたんだと思う」ってこずこずが言いよってさ、そんなヤツらばっかりでしょうもなって思ったわ。別にゆっくりやったら喋れるのにな。

たぬかな、普通にええ子で草

障害者に対する偏見がほぼないんは、オトンに「**お前が障害持ってないのは、障害者の人たちがそれを引き受けてくれたからやって思え**」って言われとったからやな。

オトンには謎の宗教観があったんよ。人生には決められた目標があって、その目標をクリアすると1周目の人生が終わって、2週目が始まるんやって。そんで8週目までクリアすると、その人間は神様になれる。

1週目とか2週目の人生は、顔がいいとか金を持ってるとかのアドバンテージがあってわりと楽勝なんやけど、3週目4週目って重ねていくにつれて、人生は厳しくなってくる。7週目くらいになってきたらもうめちゃくちゃキツい人生になるらしいねん。それこそ重篤な障害を負ってたりするらしい。

オトンは「障害を持っている人らは、今世さえ頑張ったら来世は神様になれるくらいの徳を積んだ人たちや。障害は悪ではないし、自分らの代わりに障害を負ってくれてると思え」って言ってたわ。だから障害者にはマジで何も思わんし、むしろ優しいな。

でもそれは、どこかで下に見てるからこその優しさも入ってると思う。「私がやってあげないと」とか「私が仲良くしてあげないと」みたいな。だからこずこずに優しくしてた部分もあると思う。

ただな、こずこずが寂しそうにしとんが、なんかもう耐えれんかったんよ。見た目で差別を受けるんはかわいそうだよな。

ホビットは人生何周目？

チビってだけで「障害だ〜」なんて言うてるホビットは、もはや頭に障害があるわ。さすがにそれはガチの障害者に謝れって思う。

私はこだわりが強い人間やから、自分ルールがめちゃくちゃあるんよ。その1つが「**健常者が努力もせずに権利を主張すんな**」ってやつ。健常者のくせに、やればちゃんとできるくせに、努力不足なまま「差別されてる」とか言うて、自分の権利を主張してくるヤツおるやん。

ホビットも結構そうだよな。「努力でどうにもならんのが身長やろ」って言うヤツおるけど、チビなんてさ、性格良かったり金稼いだりすれば余裕で挽回できるやろ。身長以外でいくらでもリカバーできるのに、何もやってないからコンプレックスになったんやろ。何の努力せんと「チビって言った、非モテって言ったわー！」って喚くんは違うやろ。

でも障害者はしゃあないやん。自分の努力じゃどうにもできへんとこで差別されんのはかわいそうや。だから私は障害者についてはかなり擁護派やな。それに私が障害者を否定したらこずこずが悲しむだろ？

鉄拳仲間にも障害持っとるむぎちゃんって子がおって、仲良いんよ。むぎちゃんは障害者を支援する会社のプログラムで鉄拳チームに入っとったんやけど、ゲーセンではごっついじめられとった。そんときはまだプロゲーマーでもなかったから、めちゃくちゃ殴られたり蹴られたりしよって、殴られ要員として仲間に入れてもらってる感じだった。そんなんキモいから「ホンマにやめたれ」って言って止めたわけ。

みんなでご飯行くときも、むぎちゃんはお金がないけん、ご飯が食べられへんの。みんなが飯食っとう間は端っこでじっとしとるけん、「むぎちゃん奢ってあげる、食べ」っつってご飯を食べさせてあげた。帰りはみんな車やけど、むぎちゃんは運転できんしお金もなくて「3時間歩いて帰ります」なんて言うからさ、「送る送る、私が送るよ」って車で送ったりしよった。

私もむぎちゃんが普通の男だったらここまでやらないよ。障害者だからそこまでやってあげたんだろうなとは思う。「こんなにやってあげてる私、優しい！」みたいな優越感に浸ってるところもある。けどむぎちゃんはすごい喜んでくれたし、今も「たぬかなさんのおかげで今があります」って言ってくれるから、

ｗｉｎ－ｗｉｎやん。今もちょくちょく東京来たら飯行ったりしてるよ。

障害者やって普通に１人の人間やし、**障害者フィルターで見る前に、もうちょっと人として見てあげてほしいなと思う。**確かにパワー系のヤバいやつもおるけど、そうじゃない人のほうが多いねん。

調子に乗って自業自得で弱者になった人間に対しては「自業自得で転落した気分はどうですか？」って煽れるし、笑えるもんだと思う。私もそうで、プロゲーマーになって稼いでたのに、口が悪すぎて自業自得で炎上して無職になったたぬかなさんのことは「ざまぁｗ」って笑えたやん。**みんなさ、はしゃいで水に落ちた犬を叩くのは楽しかったろ？**

でも本人にはどうしようもないことでつらい目に遭ってる人は、見ても笑えないじゃないですか。障害のせいでいじめられてるかわいそうな人を見ても、笑えないでしょ。

私だって調子乗ってる人が落ちぶれるんは楽しめるタイプだと思うよ。けど、自分のせいじゃない理由で叩かれてる人には優しくする。かわいそうなＡＶじゃ抜けないってことなんですよ。

……ちょっと、何か好感度を下げる話題ないですか？私が好感度上げてもあんま意味ないし、炎上リスク上がるだけやから、好感度上げたくないわ。

生きにくいグレーゾーン

障害者手帳をもらえないキワキワのグレーゾーンが一番キツい

障害者と健常者の境界にいる、ＩＱが70以上85未満の人たちは一番キツいよな。障害者認定はされないから健常者として扱われるけど、できんことが多すぎるし、何で怒られてるかもよくわからないから、ただの怠け者とか仕事できん人扱いされるんよね。

人口の14％くらいがそうらしい。それだけいれば、うっかり上司になることもある

グレーゾーンでも仕事が合っていれば上司になることもあるだろうけど、ちょっと頭悪い理論で怒ってくるとか、何かしらの問題が出てくるだろうな。基本的には仕事ができんくてすぐに辞めちゃうヤツが多そうやから、あんまり上に立つことはないと思うけど。

何か受け皿があるといいよな。やっぱＩＱが低いとコミュニケーション能力も低くて、レスポンスがめっちゃ遅いとか、返しが意味わからんみたいなことが起きるやんか。急に自分語りして「何で急に話し始めた？」って相手を戸惑わせて、友達を失って孤独になったりして病みやすいんよ。

だったらもう障害認定してもらって障害者手帳をもらったほうが、生きやすくなるやんな。「私は怠け者だったんじゃなくて、障害のせいでできなかっただけだ」ってわかれば心が救われるんちゃうかなと思う。理由がわからんよりは、病名がついたほうが安心するやん。

IQ108ですが、発達障害3級で障害者雇用されて、今幸せです

障害者手帳さえもらえたら、障害者雇用のチャンスがあるもんな。障害が証明されない微妙なグレーゾーンは手帳もらえへんから、一番つらい。確実に仕事がないやん。

ザルな主治医なら、障害者手帳は簡単に取れる

あのな、手帳取れるか取れへんかみたいなグレーゾーンの人間は「どうやったらうまく障害者手帳をもらえるか？」なんてことすら考えられへんよ。

軽度の知的障害のかわいい子、風俗で出てきたことあります

それ、あるあるらしいな。「普通の仕事はできんけど、風俗だったらすごい褒められるから風俗で働く」って女の子の話を聞いて、ちょっと震えたね。

風俗の女の子が理解ある彼氏くんに出会うことは多いけど、逆はないから障害持ちの男はつらいみたいです

男ってさ、弱い者を囲うの好きやん。ちょっと知的障害がある弱そうな女の子を「俺が守ってあげたい」「コイツを養ってやろう」って思う男はそこそこおるから、風俗の女が理解ある彼氏に出会うのは難しくない。

でも、障害持ちの男は厳しいよ。「私が面倒見てあげなきゃ」って気概がある女はマジでおらんから、最初から最後まで1人ルートがほぼ確定しとってかわいそすぎるな。ホンマに人生キツいと思うよ。

精神科でも、女は彼氏の付き添いがおるぞ。男はオカンや

障害持ちの男に付き添ってくれるのはオカンしかおらん。オカンがおらんくなったらホンマに孤独死ルートやから、厳しいよな。

たぬかなの配信が知的障害者の居場所でしょ

さすがにコミュニケーション取れない人間と配信で絡むのは難しいけん、居場所にはならんよ。「手帳持ちには優しくするよ」とは言えるけど、私もおもろいコメントじゃなきゃわざわざ拾わんし、そもそもグレーゾーンが私の話をちゃんと理解できているか微妙やから難しい。

だから障害持ちの人はVTuberにハマる

VTuberはわかりやすく優しいし、厳しいことも言わんしな。コミュニケーションが一方通行で、自分を傷つけてこないから安心できるってのがあると思うわ。

アンチにDMしてみたら

この前アンチとDMして、ちょっと悲しくなったわ。

そいつは私に粘着して頭悪そうなリプライをずっと送ってきてたんやけど、**私から返事が来たら喜んどったんよ、アンチなのに。**

DMで聞いた話を要約するとだな、そいつはIQ60くらいで、ADHDでアスペルガーって診断もされてて、障害者手帳も持ってる。人の気持ちがわからなくて、難しいことができず、手先もすごく不器用。今は39歳で、お母さんと2人暮らししてる。文面からして、やっぱり知的障害な感じがしたわ。

そいつの背景を知ってしまったらさ、「この層にいる人間は私を叩いてもしゃあないな」と思ってしまったの。だって知的障害で社会経験もない人間が私の配信を聞いたところで、行間まで読み解けるわけないやん。「低身長を馬鹿にしている女」っていう表面的な情報しかわからんから、そりゃ私を粘着して叩くだろうなって納得してしまって、アンチと戦うのも馬鹿らしくなったよ。そいつらの生きるとこって、こういう場しかないんやけん。やからもういいよ、もう。

その手の障害持ちの男が、5chとかでたぬかなさんや女性叩きをしてるってのがあるみたいですね

気持ちはわかるよ。だってさ、障害持ちの男には理解ある彼女なんてほぼ確実にできないのに、障害持ちの女には簡単に支えてくれる彼氏ができるやん。腹立って女叩きする気持ちが死ぬほどわかんねん。わかってわかって、わかりすぎんねん。

なんかさ、そういう理由で私を叩いとる人をエゴサで見つけてさ、叩き返すのも馬鹿らしいやん。そんなん弱い者いじめやから、そういう弱い者はほっとくわ。こっちからはやり返さんし、好きにしていいよ。「あなたの世界がこれで幸せならずっと叩いてていいよ」って思っとる。

ここは福祉施設かな？

グレーゾーンとかボーダーと呼ばれる知能境界の人に、ネットで福祉するよ。そのアンチには「頑張ってな。これでお母さんにお菓子でも買ってあげてな」って言うて、チン凸でもらったアマギフを横流ししておいた。喜んどったよ。

マインド弱者

≫年収2600万円の手帳持ちからお悩み相談

年収2600万ニキ

はじめまして。27歳男性、年収2600万バツイチです。たぬかなさんの顔と性格と声が好きです。飯友になりたい…（切実）

こいつ、ホビットに対してめっちゃマウント取りに来たな。**27歳で年収2600万やのに、こんなとこで何やってんの？**さすがに私、反社的なお金をもらうんはちょっとNGなんですけど。

年収2600万ニキ

IT系です

ＩＴ系って言われるとちょっと怪しみあるんだよな。とりあえずＩＴ系って言っときゃいいと思ってない？

俺の12年分を1年で稼ぐってすごいな

年収２００万円ちょいってこと？お前はもうちょっと頑張れな？

２６００万あったらさ、そこら辺のおもろそうな水商売女のほっぺたペンペンって札束で叩いて遊びに行けるやん。もっといい女おるのに、わざわざ私を選ぶって結構センスないな。

しかも配信で「飯友になりたいです」って言うところもセンスない。配信で公開アプローチされても、みんなの手前行かれへんやん。だったらまだＤＭで高額の金投げて「皆さんに言わないんで、一緒に飯行きませんか？」って言ったほうがええで。リスナーにバレないように金を積んだほうが絶対効果的やね。

確かにこの場で行くって言ったらちょっと引くな

だろ？ 配信で大金をあげると自己顕示欲が満たされてお前は気持ちいいかもしれんけど、これで私が「行きます」って言ったらさ、1万円で飯行ってくれる安めの港区女子になってしまうやん。港区女子って感じでもないな、立ちんぼや。金をもらって会ったら、もう売女と変わらんと思ってるからな。

年収2600万もあるんやったらさ、そこまで視聴者いなくて配信であんまり稼げてなさそうなグラドルにそこそこお金出したら、飯行けるんちゃうかな。金に困ってるって話聞くしな。

たぬかなは行かないの？

行かへん。「1回の飯で30万払います」って言葉に釣られて、私がノコノコ行くとするやん。その先に待ち受けとることが恐ろしすぎて無理なの。特に私みたいな恨みを買ってる人間はリスクしかないからな。

そもそも30万もらって飯だけでいいはずないやん。捕まえられて、ホテルに連れ込まれて、私の乳首の色が全世界に晒されてしまう可能性が高いからさ。

写真撮られて逆に金要求コースやもんな

その可能性が一番高いね。だから私は金積んでもらっても、絶対行かんのよ。**…ちょっと待て、年収2600万ニキ、いなくなってないか？**ボコボコにしすぎて、将来の太客を消してしまったかもしれん。1万円もろて駄目出しして どっか行かれるなんて、そんなバカなことある？

年収2600万ニキ
います。僕はコミュニケーションが下手すぎてバツイチ＆精神3級です

あ、そっち系な！なるほど。
でも27歳でそれだけ稼いでるんやったら、お前の金稼ぐ能力に寄って来る女がまだ死ぬほどおるよ。だからこそようわからん女を嫁にしてしまって、バツイチになったんじゃない？

せっかく1万円くれたんやけん、女とのうまい出会い方をレクチャーするよ。まず需要と供給を考えなあかんな。お前は私と飯友になりたいって言うけど、じゃあ私が飯友になりたい男ってどんな男やと思う？

私が一緒におりたい男は「おもろい男」なんよ。金をくれる男じゃなくて、おもろい男と友達になりたいわけ。だから、お前とは需要と供給が合ってない。

お前は「金が欲しくておもろい女」に投げ銭したほうがいい。そしたら金払うだけで飯友になってくれて、楽しませてくれる。お前の金を対価にして、おもろい時間を与えてくれる。それでも私と飯行きたいっていうんだったら、私が楽しめるくらいおもろい男になるしかないな。

年収2600万ニキ

女が思うおもしろい男がわかりません

普通に芸人さんを見て学んだらいいんじゃない？私は粗品が好きなんやけど、あんな感じでいじってくれる人だとめっちゃうれしいかな。やっぱり、おもろい男が一番モテるからな。

年収2600万ニキ

11年この業界で仕事をして努力してるっちゃ努力してるかもですね…

ちょっと待て、なんでいきなり仕事の努力の話になった？前後の文脈がちょっとよくわからん。これは手帳持ちだ！やっぱ手帳持ちは話がかみ合わないから、飯行った相手にもしんどさを与えてしまうんよな。

君が長く働いて稼げてんのはもちろん評価する。ただ、友達は少ないと思うねん。多分会話がかみ合わんし、あんまりおもろくないって思われるから、周りに奢ったりしてお友達料を払ったうえで友達を作るタイプだと思う。お前は金を持ってるけど、マインド弱者だね。

お前がやるべきなのは、苦手なトーク力を磨くことじゃなくて、お金でおもろいヤツを囲って人生を楽しむこと。お金だって能力やから、友達なんか金の力で作りゃいい。それはそれで楽よ、みんなちゃんと話を聞いてくれるし、奢るとちょっと気持ちよくなるしな。私も性格悪いけん、よく奢っとるで。

このやり方は金が尽きたとき死ぬけど、稼ぎ続けて自分の周りに気持ちいい存在をいっぱい揃えておくっていうのも一種の成功やからな。潔く財力を使って、人間関係を構築したほうがいい。

みんな金目当てじゃない愛が欲しいって言うけどさ、金稼ぐ能力を愛されるんも結局愛やから一緒やろ。チー牛の「俺は何もないけど、愛が欲しい」みたいな戯言はただの甘えや。

16歳から働いて27歳で年収2600万ってかっこいいのに、配信河原乞食を飯友に買おうとするのは不釣り合いホビよ。リアルで金をちらつかせずに、一度女にぶつかって度胸を養うホビよ！

配信河原乞食ってお前……そんな私のこと叩かんで良くない？ ひでぇ話だよ。

「配信河原乞食」……いいねぇ。語呂が気に入ってしまった。

俺も、嫁に「月20万小遣いくれない貧乏人は無理」って離婚突きつけられた

月20万の小遣い!?お前、結構金持ちちゃう？そこそこ金持ちだけど、もっともっとって言われたんやな。すごい嫁やな。超美人でないと許されへんな。超美人だったら許されるってのも悲しすぎる現実やけど。

年収2600万ニキ

月20万以上は嫁に生活費渡してましたね

元嫁とどう知り合ったか知らんけど、多分お前の稼ぐ能力に惚れて一緒になったんだと思うよ。そんだけ金があったのに別れたっていうのは、もうやっぱりね、君の性格に難があったんじゃないかと思うね。

1万円くれたし、通話してみる？年収2600万稼ぐコミュ障ってどんな感

じか気になるわ。

―通話開始―

もしもし、自己紹介してくれます？

年収2600万ニキ

15歳ほどからずっとプログラミングの仕事をしていて、去年、半年間だけ一緒に生活してた元妻がいてっていう……ちょっといろいろと面倒なことを経験しました

ちなみに、嫁さんとなんで別れたん？

年収2600万ニキ

私、ASDとADHDの傾向があるんですけど、それで結構家を片付けられなくて、言い争いというか……僕はあんまり声を荒げないタイプなんですけど、

元妻が結構声を荒げるタイプで、ちょっとそれが怖いっていうのを伝えてる間に、合わなくなって、（相手が）出ていったっていう

浮気されたとか浮気したとか、ちゃんとした理由があったわけではないな。

年収2600万ニキ

明確な原因があったってよりかは、もういろいろな不一致が重なりまして。元妻が初めての彼女で。元妻の容姿は、あんまり褒められはしないですけど、僕はいいと思ってます。結婚も、容姿で選んだっていうか、性格含めて全部丸っとで選んだっていう感じです

お前大丈夫か、泣いてないか？なんか声震えてるぞ。

年収2600万ニキ

いや、さすがに声震えます。ネットでしか見てない方と喋ってるのは（緊張します）

なるほどな。君、友達少ないって言ったな。それはさあ、なんでかわかる？

年収2600万ニキ

もう私のほうから結構切ってしまうんです。最近よく言われる人間関係リセット癖というのがあって…ここ2年はやってないんですけど、4～5年前ぐらいは2回ぐらいちょっとやらかしてしまって。なんかもう迷惑かけてしまうというか…いろいろな性格のやばさで迷惑をかけることが結構多くて。最近はもうだいぶ気を付けられるようにはなってきたつもりではあるんですけど

自分でリセットしてしまうのな。今はどうですか、新しい女はおる？

年収2600万ニキ

それは全くないですね。離婚が成立したのが今年の2月で、まだ最近なので、若干気持ちが残ってるっていうか……ただ、もう前に進み出したいなっていう気持ちもあるので、いろいろ外に出かけたいなと思いつつ、出会う場所も知らずで

女遊びとかは？

年収2600万ニキ

正直なことを言うと、プロの方はなくはないですね。キャバクラは同じ業界の先輩に何度か連れてってもらったことあるんですけど、女性が隣に座るだけでちょっと、あまり喋れないんで。ガールズバーに連れてってもらったときは、女性が横じゃなく前にいるので喋れたものの、なんかあんまり……楽しくはなくて。すいません

マッチングアプリはやったことある？結構モテるんじゃない？

年収2600万ニキ

はい。いいねは毎月数十件あったりもするんですけど、ただやっぱり続かないっていうか……返信が来なくなるとか、会えたとしても2回ぐらいで終わってしまうとか

多分、年収パワーで相当集められるんやな。会って足切りされるのは何があかんのかな。話してそこまで不快感はないんよな、ちょっとコミュ障なのはわかるけども。

年収2600万ニキ

やっぱADHDで多動が強いので、結構動いんちゃうんです。すごく動くわけじゃないんですけど、フラフラしたり、足踏みを数回したりするぐらいには動いてしまうので……（相手に）そこら辺の理解や知識がないのは別に悪いことではないと思うんですけど、慣れていない方はやっぱり離れていってしまう傾向があります。薬剤師で精神病棟にも勤めてらっしゃった方はそういうのに慣れていたのか、2回会ってくれました。元妻も看護師です

なるほど。**でもほら、ここにおる視聴者はマッチングアプリを1年やってもいいねが1個ももらえないヤツらばっかりでな。**多動とかあっても女が2回も会ってくれるなんて、君はスタートラインがいいんよ。

言わんといて

なんで急にこっちにナイフを？

ほっといてくれ

うるせえ笑

くやしい

ほらな。一方で、君は女をそこまで欲してなさそうに見える気がするな。好きって感情も出さなさそうな感じがするけど。

年収2600万ニキ

それはあるかもしれないですね。もっと会いたいみたいなアピールができてな

いというか……何なんだろうな、ガツガツしてないって自認はありますね

恋愛関係に発展するときって、女が上から来ることが多いと思うの。「私は障害とか多動とか理解してやってもいいけど、お前は私のためにこれだけがんばれるよな？」みたいな感じで来るから、男の君が必死にならんと絶対うまくいかん。デートの内容を決めるとか、ご飯代を奢るとか、エスコートしっかりやるとかな。

年収2600万ニキ

私がもっと能動的にならないといけないんですね

そこまで必死にやらんでもいけるやろうと思って相手待ちになってる節があると思う。じゃなきゃ自分から「帰って欲しくない」「次も会いたい」みたいに言うて、必死で女の子を求めたり、めっちゃ褒めたりするんじゃない？

年収２６００万ニキ

実際に行動してないですし、必死になってる感はないかもしれません

マッチングアプリは特に女の需要が高いから「お前が必死になるんやったら会ってやってもいいぞ」って女がすげえ多いの。自分の身分を考えずに上から来る女ばっかりやから、必死で行かんと絶対無理やと思うわ。

でもな、多分君はそこまで焦らんでも、もうちょっとしたら金に困ったかわいいフリーターみたいな女と付き合えると思うよ。

年収２６００万ニキ

え、そうなんですか

できると思う。そういう女でよければ多分ほっといても付き合える。

けど、君は金に困ったかわいい女じゃなくて「自分のことを理解してくれて人生一緒に寄り添える女」が欲しいだろ。そういう本当の意味で賢い女って、実は一番みんな欲しがってる女で、なかなか手に入らんレベルクソ高女だったりするんやな。

ちゃんと賢い女が欲しいんだったら、もう障害がどうこうとか言ってないで中身を磨く努力をしないとあかん。君は女を理解する努力が足りないかもしれんな。**君からお金を抜いたときに、相手してくれる女ってどれくらいおる?** 仕事の努力を認めてほしくて「ちゃんと稼いでます」っていうアピールをするのはいいけど、それだけに甘えすぎかな。金ももちろん大事だけど、いい女を狙っていくんだったら金以外の強みもあったほうが絶対いいやん。

せっかく男に生まれて金の面で成功したんやしさ、もうちょっとがんばって金以外の面も磨いてみたら、ホンマに最高の女が手に入るんじゃない? 金に頼らず相手にされるようになったら、それはもう、めちゃくちゃすごいやん。まだ若いんやし、金もあっておもろい本当の強者男性を目指してみるのも一興だと思いますよ。今でも十分強者ですけどね。

年収2600万ニキ

そうですね。(配信で)反応をもらいたいから年収の話をしましたが、ほかの

引き出しが少ないっていう意味では、もう本当におっしゃる通りかなって思う

お前はいいヤツなんだろうけど、女からすると押しが弱くて決定力に欠ける。

結婚するんだったらいいけど、付き合うのはちょっとって言われるタイプの男ですね。まだ恋愛したいとか思ってる若い女にはなかなか相手されんと思うわ。年齢を気にせんのだったら、結婚を考えとる30代半ばぐらいの女にはめっちゃモテるぞ。

年収2600万ニキ

年上が好きっていうのもありまして……付き合うとかよりはちゃんと真剣に、将来を考えたいみたいな思考が強いので、そういう意味ではマッチングアプリとかでも、あの、年齢の範囲的には同い年の27歳から33歳ぐらいまでで検索してたりとかしてます。おっしゃる通り年上の人がいいよって何度か言われたことがあって、やっぱ本当にそうなんだなって

そういうふうに自分をちゃんと理解しとって年上の女もいけるんだったら、普

通に幸せになれそうやな。

でもそこでですよ、こんな配信河原乞食に「飯友になってください」って配信で言ったらあかんでホンマに。私はただの乞食やからな。

配信してる人間ってのは基本的にキャラを作ってる。私もそう。楽しそうに、賢く見えるように…って私はあんまり賢く見えてないけど。配信者のキャラに好感を持ったとて、それは本当に一部分でな、会ったら全然違ったりする。私が「親の借金を返したい」とか言いながら稼いでてもさ、裏でベンツ買ってる可能性もめっちゃある。

配信者なんてマジでいいもんじゃないから、そんなんよりも現実のいい女を探したほうがいいと思うね。お前にはもっとちゃんとしたいい女がおって、そいつと結婚できるスペックがあるんやけん、こんなしょうもないところで時間を使っとる場合ではないからな。

年収2600万ニキ

すいません。いろいろありがとうございます

あと、私の配信はですね、結婚もできず「もうこの先、集団自決しかすることないやん」みたいな弱者男性のたまり場やから、そんな年収マウントを見せつけるのはやめてほしい。弱男の気持ちを考えないと。

年収2600万ニキ

なるほど。そこが僕の手帳ポイントですね……出直してきます

でもお前がいいヤツだってことはわかったよ。年収でマウント取りに来た嫌味な奴やったらボロクソ言ったろかと思ったけどな。

今は手帳持ちとかADHDとかASDとかめちゃくちゃいっぱいおるからさ、そんな変なことでもないよ。でも手帳持ち同士で付き合うと揉めやすいと思うから、いろいろ包み込んでくれるババアをおすすめするよ。ババアはいいぞ。

お前は恵まれてるし、もう今でも十分強いけん、すぐにでも幸せになれるかもしれんけど、もっと上の幸せを目指して自分を磨け。もしくは年上の女と結婚して幸せになるんがおすすめかな。

ていうわけで、飯友にはなれんけど、たまには悩みくらい相談してや。

年収2600万ニキ

はい。ありがとうございました

―通話終了―

はい、いかがでしたでしょうか？

たぬかな説法よかった

まあ、たまにはお悩み相談を受け付けようかなと思いますよ。お前らが集団自決するってなっても、私は相談を受けるくらいしかできないからな。

つらかったのは僕だけですかね。理由はわからないですが聞いててなんかつら

かったです

しんどさみたいなんはやっぱ伝わってきたよ、喋りからな。手帳持ちの人って自信なさそうなんよな。おどおどしてる感じで。

やっぱり、自信がある男がモテんねん。ブスでも自信があったらモテんねん。

自信って超大事やからな。

年収2600万ニキ

お疲れです。拙い喋りでしたがこちらこそありがとうございます

お。みんな「拙い」って読めるか。読まれへんヤツもいっぱいおるのに、これをサラッと書けるお前は賢いよ。**いいババアを見つけて幸せになれよ。私はババア推しです。**

処女厨

処女厨がキモい理由

女の子にテクあるの引く

それはほかの男の影がチラついて、自信がなくなるからやろ。そういうヤツが処女厨になるんよな。ほかの男と比べられたくないから「俺以外の男知ってんのが嫌。自分しか知らない女の子がいい」って考えてんのがすでにキモいわ。

相手に好かれるために身につけた技術は尊いじゃんねぇ

そうだよ。それに、お前らは「処女が愛しい」って言うくせにブスは嫌いで、ブス処女は相手せえへんやん。かわいい処女しか認めへんくせに処女厨やから、素人童貞になるんよ。そらぁヤれへんって。

かわいい処女って論理的に成り立たないよね

本当な。ある程度かわいくて処女だったら、何かがヤバい。

美人はヤンキーのトロフィーみたいな扱いされるから卒業が早い

それなんですよ。「俺あいつとヤったねん」みたいな既成事実がトロフィーになるんで、すぐに持っていかれます。

かわいい処女が欲しいんだったら若いうちに努力せな

高校生くらいでかわいい子の初めてを奪うのが処女厨の理想よな。さらに言えば「かわいい子の初めてを奪って、その後も結婚して愛し愛され続ける」のがパーフェクトなんだろうけど、人生そんなにうまくいかんから。

なぜか処女って嘘言ってきたやつおった

処女って言ったほうが男が喜ぶから、そうやって嘘つく女もおる。**…ていうか、私も嘘ついたことある、ごめん。**そのほうが男が喜ぶんで、リップサービスをしちゃうことあります。本当にすいません。

処女じゃないのバレた？

結局バレたよ。信じるわけなかったんだろうけど、でもそういうことにしてたの！すいませんでした。

でも、それは処女厨のお前らが悪いねん。ラオウみたいに「どんな男に抱かれていようが構わぬ」って受け止めてくれたらええけど、お前らは器が大きくないから、ちょっと誰かとヤってきただけでヤリマン認定したりするやん。お前らが悪いね。

誰を愛そうがどんなに汚れようが構わぬ。最後にこのラオウの隣におればよい

そう言って欲しいわけよ。誰を愛してきてもいい、どんなに汚れてもいいって言ってほしい。私は汚れ切った女だから。

ラオウのはデカすぎて裂けると思いますよ

それでもがんばる、私は。女の股は子供を産めるんやけん、子供以下であれば全然いけるはずなんよ、理論的には。

セックスしたくらいで汚れてるみたいな発想がキモいねんな

そうやねん、誰かと一発やったくらいで汚い汚いうるさいねん処女厨は。**そんなんお前の一生使ってないチンポのほうが汚いに決まってるやろ。お前らも使っとけよ！一人で一生使ってるだけの汚いチンポがよ！**いろんな人に愛でて

もらったまんこのほうが綺麗に決まっとるやろ。

たぬは再生した処女膜から声が出とる

たぶん、もう再生してるんじゃないかな。早くセフレくらいは作っておかんとな。なんか女性ホルモンが出てない気がする。

でも魚の腐った匂いがするやん

まぁする…らしいな。

夢見る弱者男性をオーバーキル

若い女のひとがいる教室のサークルってどんなんだと思いますか？　頼みます、後生です

いやお前…行ってもキモがられるだけやし、ストーカーになってしまうって。お前が捕まるだけなんよホンマに。

まず若い女にいこうとするのはやめなさい、どうせ捕まえられないから。若い女のそばにいたいのはわかる。若い女とのワンチャンが欲しいのはわかるんやけど、お前らじゃ無理なの。

これがわからない男本当に多いよな

だろう？なんで急に若いかわいい女にいこうとするん？無理だから。欲しい

だろうけど、無理やん。

もうちょっと理想下げて、年上からいくとかせぇよ。女もさ、年とったら若い男ってだけかわいく見えたりするんよ。男もそうやろ、おっさんになってきたらさ、若い女ってだけなんかみんなかわいく見えたりするやろ。そういうイージーなところから段階的に攻略していきなさいっつってんねん。

おっさん目が悪くなるから

おばはんもそう。**目悪なるけん、全員かわいく見えてくんねん。**

若い女が欲しいなら、対価を払わないと。金とか

そうそう、若い女だったら対価がいるやん。お前らは顔も悪いだろう？チビだろう？多分金もないだろう？それでなんで相手にされると思う？

「もっと俺の内面を見てほしい〜！」とか言うやろけど、いやいや、こんな配

信におるお前らの内面なんて終わってるから。だから無理なの。な？

ＳＮＳで若い女ばっかり見てるから自分もいけるって勘違いする

そうな、ＳＮＳだとブサイクな男とかわいい女が付き合ってるの、たまに見るやん。それで「俺も！」とか思ってしまうかもしれんけど、そういうのは男が芸人さんでおもろかったり、金めっちゃ持ってたりするわけ。何もないただのゴミカスみたいなお前らは、若い女に相手にされへん。

まずは自分で落とせるレベルの子捕まえて、自信つけてからステップアップしなきゃだね

やっぱり自信っていうのは大事だと思うのね。お前ら、自信ないやん。そんな自信ない男に誰もいかんやん。自信をつけるために、自分でも落とせそうなレベルの女から、自分と合ってるだろう女からいきましょうって話。

まあ、「合ってるだろうな」って思う女にもお前らは相手にされんのやけどな。
それでもそっからいかなあかん。

おせっせうまかったらいける？

だからァ……お前らはおせっせまでいけないじゃん！

おせっせまでいけないのに、家で一人でさ、セックスの勉強ばっかりして「よォーし、当日はＯＫ！」みたいになったとしても、お前らはセックスできんまま死ぬから。そんなん無理無理無理無理。かわいそうですね。

おせっせしたいんだったら女を落とすところから勉強せなあかん。おせっせの勉強を先にしても意味ないから。

配信するたびに『たぬかな、何か嫌なことあった？』って聞かれててワロタ

すいません、みんなを言葉で殴るときは機嫌が悪いときだと思われがちなんですけど、そんなことないですよ。**基本的に殴りたいなって思ってるだけです。**

だって今日もさ、お前ら勘違いしてるやん。「若い女ってどこにいますか？」とか「マッチングアプリでどうやったら勝てますか？」とか馬鹿じゃねーの？

もうちょっと現実を思い知れよ、ゴミども。

俺らなんか殴ってもしゃあないしな

いや、お前らを殴ることによって改善されることもあるからさ。現実を知るって大事やから。

まずは、自分のレベルをちゃんと考えよ。**こんなところで「どうやったら勝てますか？」とか聞いとる場合じゃない、お前らは。**「マッチングアプリは使ったら負け」とかそういう次元じゃないから。お前らが使ったところで、せいぜい美人局ぐらいしか会われへん。金取られるだけでいいことないからやめときな。


友達がマッチングアプリで会った女に50万も騙し取られててワロタ

そうやろ。せっかくちょっとまともな女に会えたと思ったらさ、金取られるだけなんだから。お前らも熟女からいけば、まあまあまあまあ、若い女よりかはないけると思うよ。

おっさんで若い女にこだわってる時点でうーん、ってなる。普通程度に女と関わりがあれば、同世代の女にも目が行くと思う

そうなんよ。おっさんで若い女がいいって言ってるんがキツいんよな。だってさぁ、普通に女と付き合って生きてきた人だったらさ、もう10個下の女とか無理なんよ。話が合わんし、ちょっと馬鹿っぽく見えて無理かなってなってるもん。

お前らがそうなってないのが怖いんよ、ホンマに。**お前らが40歳とかで「ハタチの子が！」とか言ってんの怖い、マジで無理！痛々しい！**

恋愛敗者

結婚できない女

たぬかなはもし結婚したら報告しますか？

するに決まってるやろ、お前らにドヤ顔すんねん。『たぬかなは一生独身』とか言われとったけど、結婚できました〜！俺は結婚できる人間でした〜、ごめ〜ん！」ってな。年収1000万超えの高身長でガタイがいいプロレスラーみたいな大卒男と結婚してドヤ顔するんで、待っててください。

たぬかなさんって結婚が幸せのゴールだと勘違いしてる頭悪い人なの？結婚は新たな試練の始まりですよ

女と男でまた違うと思うんやけど、やっぱり30歳超えてくるとな、既婚女と未婚女で扱いが変わってくるねん。「30歳超えて結婚してない女はなんかヤバそう」

みたいな目線があったりするの。親や親戚から「結婚いつするん？結婚できんの、せんの？」みたいな目線が来るの、しんどいじゃないですか。

女は30歳超えるとちやほやされなくなるだけだけど、男の独身はマジで異常者扱いされる

男の独身が異常者扱いされるのは、35歳ぐらいからちゃう？

最近はね、30代の独身女も多いんよ。でも、お前らの周りの30代独身女を思い浮かべてほしいんやけどさ、勘違いしてる女が多ない？30代になってまだ結婚してない女ってさ、「もうちょっと遊びたい」「恋愛を楽しみたい」みたいなタイプが多いと思う。

そういう女は「いい男がおらんかったから結婚せえへんかっただけ」って言うけど、実際もう30歳超えたら穴モテすら微妙なのに、いい男ばっかり狙ってるキツい女が量産されてるのが現代社会なんですよ。

独身女は30代前半くらいからこじらせてんのよ。20代まで穴モテしてたから

「もっといい男おるやろ」って勘違いして高望みしたせいで売れ残っとる。見た目は小綺麗なんやけど、自分の価値を高く見積もりすぎて理想を下げられへんから結婚できない女が多いと思うね。

小綺麗な女がそうだとして、ブスはどうなん？

実は、ブスの30代独身女はそんなおらん。賢いブスは高望みしないけん、自分に価値がある若いうちにさっさと結婚するからな。

でも、賢くないブスは30代でも独身だったりする。ヤリマンのブスも穴モテで「もっと上の男もいける」って勘違いしてしまって、30代前半からマジで相手されんくなって焦ってたりするな。

たぬかなも少し焦ってますかね

私は自分の市場価値をちゃんとわかってて、20代のころから穴モテを使って早く結婚しようとしてたんよ。27歳くらいからさあ、マッチングアプリで「真剣なお付き合いできる方を募集してます」みたいなことやってたんやで。なのに「さすがにちょっと口が悪すぎてキツい。結婚は無理かな」って言われて結婚してもらえなかったんですよね。

やっぱり男と一緒におるときも、めっちゃキツいことを言ってしまうんですよ。昔は「28歳で絶対結婚する！」って言いよったのに、私の人生どうなってしまった？今年もう31歳なんですけど。

私の卵子はもう劣化の一途をたどってて、顔出ししてもうてるから、私と結婚すんのが嫌な男は多いと思うねん。今は配信でちょっと稼げてるけど、こんなんは数年続いたらいいほうやん。今の収入がずっと続くわけないやん。さらに性格と口がめちゃくちゃ悪いやん？

これは未婚ルートすぎるかも。私こそ年収200万ぐらいの弱男と手を取り合って生きていくべきだわ。やっぱ私に合う男って弱男なんやろうな。

現実問題、たぬかなの相手するのは我々ホビットしかおらん

あっ、キッツッ！やっぱホビットは嫌!!

わかった、年収はとやかく言わん、もうフリーターとかでいいから、せめて高身長の男にして。いやもう、高身長アルバイター30歳とかでいいよ。私ががんばって仕事するわ。

普通にホビットは嫌、バイトのホビットなんてもう……**お前ら、ホビットやったらせめて仕事ぐらいがんばって就こうとせぇや！**

snack TANUKANA

スナックたぬかな

off the record

結婚したい女はオタサーの姫になれ

「モテないんですけど、どうすればいいですか？」って質問してくる女には、オタサーの姫を推奨してます。モテるなら自分の悪いところを探して改善するよりも、周りの環境をイージーモードに変えたほうが早いと思ってるので。

女もまた、猿山のボスになれればモテるんですよ。自分が1位になれる界隈を探せばいいわけです。ブスばっかりのコミュニティとか、年上のおっさんばっかりのコミュニティに飛び込んでみるのが一番早いですよね。なんならおじいさんもいるくらいのコミュニティに行ったら、花よ蝶よと愛でられます。

おすすめなのはカードゲーム界隈。「〇ュエルマスタァー！」**とか叫んどるとこに行けば、一発でモテる**と思いますよ。そこから一番年収とか見た目がマシな人を選んだら、まあまあ勝ち組ですね。これが結婚できない人の救済措置です。

モテない人にも共通することだけど「自分の価値を見誤ってしまって、狩場を落とすこともできずに延々ともがいとる人」が結婚できない人になるんですよね。それで年齢が上がっていって、普通の男にも相手にされなくなるっていう負のループにハマってしまうんです。

みんなオタサーの姫をバカにするけど、実際は賢いですよ。バカにするやつほど結婚できないんで、プライドは捨ててさっさとオタサーの姫になりましょう。

>>> マッチングできない男

大学1年生です。彼女できる気配ゼロです。Tinderも全然マッチしません

お前、今すぐマッチングアプリやめろ。女を捕まえられへんから。

じゃ、質問します。

30点の女、50点の女、80点の女の3人がマッチングアプリをします。どの女がマッチングするでしょう。

答えは「全員」です。

80点女はレベル高い男にもモテるし、レベル低い男も「ワンチャンいけたらいいな」って記念受験しに来る。50点女は「この子なら抱けそう」って男全員からアプローチされる。30点女は、必死になっとる中~下の男から「この女だったら

マッチングするはず」って熱烈なアピールを受ける。

女はどのレベルでも、もうめっちゃ男が来る。だから自分より上の男と会ってヤれる状態です。

はい、次の質問です。

30点の男、50点の男、80点の男がマッチングアプリをします。どの男がマッチングするでしょう。

答えは「80点の男だけ」です。

しかも80点男も80点女とはあまりマッチングしません。だいたい50点女とマッチングします。50点男は30点女とマッチングできるかできないかぐらい。30点男はもう死んでいる。マッチングアプリをやっていい男は、80点の男だけ。自分よりちょっと下の50〜60点女を狙えば、毎晩でも抱けるから。

でな、お前が80点ある……わけないやん。Tinderでさえマッチングしないお前に80点もあるわけないねん。お前はよくて50点、実際は30点ってとこだろうな。

ゆえに、マッチングアプリはやめなさい。無駄です。男は月額課金とかあるやろ、金をドブに捨ててるだけだからやめなさい。

言語交換アプリで外国人釣るのがコスパいいよ

大学生なのに「まだ彼女できん」とか言っとるヤツは、そもそも女との接点がなさすぎるうえに外国語を喋る教養もないので、まず英語を覚えるっていう努力ができないじゃないですか。だから無理です。

80点じゃないのにマッチングアプリで女を探そうとしてる時点でね、多分根っこが馬鹿なんですよ。 根っこから馬鹿なら、英語の勉強もできないじゃないですか。そんなんで外国人の女の子と、詳しくない言語で男女のやり取りをするってのがもうキツいんですよね。無理です無理です。

しかも、そういうヤツに限って「いや、ちょっと俺外国人はちょっと〜」とか言うやん。ブスでカスな30点のくせに、アジア人のちょい地味カワな女の子が好きやから「外国人はちょっと派手やん？」みたいに言いまわるんよ。写真も洗面所で自撮りしてるしな。

聞いててつらい。この話やめよ

30点の男ワイ、Xで100点の女とマッチして今交際1年目

ダウト。お前はただの嘘つきやけん、ほっときます。

僕は20点の男なので女の子に迷惑かけないように生きてます

えらいね。お前みたいなヤツはかわいい女の子に「今度、ご飯行かない？（笑）」みたいなメールを送りたくなっても送らんやん。もう絶対無理ってわかっとうし、相手の迷惑になるし、なんならお前が捕まるリスクさえあるしな。お前はえらくて賢いわ。

ヤリマンだっていい男を選んでセックスするんだから、弱者男性はだれにも選ばれなくて大変だと思う

ヤリマンのみならずヤラナイマンでさえわざわざ弱男とヤりにいかんしな。低レベルな低収入同士が出会って、慎ましく暮らしていくみたいなのがいいと思うんやけどなあ。

弱男だけど、趣味のコミュニティで嫁どうにか見つけた

そう、趣味界隈で出会うのが一番ええねん。お前の趣味界隈のヒエラルキーで高い位置に行ければ、相手が見つかるからさ。

『人狼ジャッジメント*』がいいかな

＊スマートフォン・タブレット向け対戦型オンラインの人狼ゲーム。各プレイヤーがチャットで会話しながらゲーム進行する

私もやったことあるけど、人狼ジャッジメントってさ、チャットとはいえリアルタイムで会話するから、喋り芸が長けてないとかっこよくないじゃないですか。人狼が上手い人はコミュ力高い人だったりするんだよな。声がデカくて、主張が強いみたいなさ。

ボソボソちっちゃい声で喋ってて何言ってるかようわからんお前らが、チャットでモテるかっつったら無理だと思うよ。何を言ってしまうかわからんもん、やめとけ。無理でございます。

世知辛い

お前らは世間の恋愛アドバイスを真に受けんほうがいい。

私はホンマに喋れん弱男向けに話しとるんよ。配信で「まずはお花の教室とかお料理教室で女の人と喋る練習からしたらいいんじゃないかな？おばあちゃんでもいいから、女の人と普通に喋る練習しようね」って言ったら、Xで「モテる男になるには」みたいなようわからんモテ術を教えとる超胡散臭いアカウントに絡まれたんよ。インプレッション稼ぎを狙って私の切り抜き動画を引用リツイートして「たぬかな頭悪すぎ！モテる男は誰一人としてこんなんしてるわけないやんw」みたいなイチャモンつけられて、ちょっとイラついた。

そらぁモテる男はお花教室もお料理教室も行かへんよ、だって喋れるもんな。本当にモテない男はだれとも喋られへんことを、あいつらはわかってないね。「モテ男に対しての解像度低すぎw」って言われたけど、お前らのモテない男に対しての解像度のほうが低すぎるわ。

うちのリスナーにそんなモテ男がおると思うてます？そもそも、普通に喋ると思うてます？私の配信におるような弱男っていうのは、やっぱりヤツらの目には入ってないのよ。まさかそんなんおらんやろみたいな。おるのにな。男目線でも、やっぱり弱男の存在は認知されてないんだと思った。かわいそうにな。

なんか関係ないのに俺もダメージ受けるから寝ます

お前は関係あるだろ。しっかり受け止めろよ、現実を。

≫天涯孤独な弱者男性の楽園

推しがいるから彼氏いらないって女が増えてるってマジ？　もうインフルエンサーとか芸能人しか恋愛できなくないか？

それもＳＮＳが普及したからだと思うのよ。やっぱＳＮＳでさぁ、かっこいい人とか綺麗な人っていっぱいおるやん。そんな綺麗なもんばっか見よったら、現実で自分の相手してくれるレベルの人が恋愛対象にならんくなっていくやん。

「もう彼氏いらない」って発言は「自分がそこまでいい男を捕まえられないのをわかってるから、身の程をわきまえて推し活に専念します」って宣言やと思う。

でも、それはそれでいいんじゃない？ １回上げた生活水準を下げるのがしんどいのと一緒でさ、いい男をめっちゃ見た後に普通の男を見て「これかぁ、だったらもういらんわ」って思う気持ちはわかるよ。

女のほうが、男の見た目に対して優しくない？

その代わりおもしろさとか収入に対して厳しいから、ハードルはそんな変わらんと思う。

もう俺みたいな一般アラサーは恋愛焦ったほうがいいってこと？ もうやばくないか日本。強者以外は恋愛できない

そうなんですよ。あのね、日本は1人のいい男が、3人から5人くらいの女をセフレみたいに独占してクルクル回してるの。残り4人分の男らは余ってしまって、VTuberに貢いだり、2次元でシコったりすることしかできないんですよね。いい男がセフレをいっぱい作るのは良くないけど、女からしたら「やっぱりいい男の遺伝子が欲しい」「セフレにするならいい男がいい」って思っちゃうのはわかる。

一夫多妻は自然の摂理ではあるからな。嫁ができへんブサイクは淘汰されて、イケメンが顔のいい子供を作って繁栄していくのは、残酷な民族浄化と言えるかもしれん。パートナーを作れん遺伝子は後世に残さないほうが、人間全体で考えたらいいみたいな考え方もあるかもしれないんよ。悲しいけどね。

でもさ、つがいができないからって今世を独りで生き抜くのってつらいやん。だからもう女を求めるのはやめて、弱男だけのシェアハウスを作って、底辺同士で助け合って生きていくのが一番いいと思う。気の合う弱きお友達と手をつないで、寂しさを埋め合う。シェアハウスなら金も貯めやすいから、たまにピンサロなり風俗なり行って愛だの恋だのを諦められたら、幸せな余生を過ごせるよ。同性と遊ぶほうが楽しいこともいっぱいあるからな。

それしか道がなくなるんか。推し活してる場合じゃない

偶像崇拝しとる場合じゃないで。結婚したいって言ってもさ、お前らもレベルが低い女と結婚したいわけじゃないやろ。そこそこかわいくて抱きたいと思えて、そのうえ自分を好いてくれる女を求めてるやん。だったら相当がんばらんと厳し

いと思うよ。**ちょっとかわいい女って、一番落とすの難しいやん。**レベル高い男からは「これくらいの女だったら安心できる」って狙われ、レベル低い男からも「これくらいの女の子に挑戦したい」って狙われて、マジで奪い合いになる。

お前らがおっぱいでかいちょいブス女と結婚できれば……無理か。スタイル悪いちょいブス女と仲良くできたら……いや、それも無理か。だれからも相手にされとらん女と近づけたら、ワンチャンあるかもしれん。

でも「すぐに彼女ができる方法」みたいなしょうもない情報商材を買うのはやめろ。あれは詐欺です。基本的に、お前らには無理です。弱男グループホームで手を取り合って生きなさい。

ホビット村の村長として、作ってくれる？

いや、やる気ないよ、面倒くさい。グループホームってヤクザな貧困ビジネスの温床になってるらしいから、お前らが自分でやるべきやな。私の配信見てるリスナー同士でコミュニティ作ればいいやん。

いじめられっ子

いじめをトラウマにしてる場合じゃない

過去に受けたいじめのせいで自己肯定感がどうしても持てません。どうしたらいいのでしょうか？

いじめってさ、いじめられる側に責任がないいじめと、いじめられる側に責任があるいじめがあると思うねん。そのどっちなのかを知りたいね。

クラスで順番に回ってくるような誰でもターゲットにされるいじめは、いじめられる側に責任がないいじめやな。いじめられる側がマジでクソすぎていじめられるパターンは、いじめられる側にも責任があるいじめ。みんな「いじめる側が絶対悪い」って言うんやけど、それはケースバイケースやから。

いじめられて自己肯定感が育たないんは「なぜいじめられたか」をあんま考えてないからじゃないかな。自分が悪かったんか、悪くなかったんかが理解できてないんよ。わからないからずっと腑に落ちなくて、うっすら自己否定しとるんじゃない？

自分がいじめられてたとき、見栄っ張りでキモかった

私もいじめられたことあるけど、普通に自分の性格が悪いからいじめられてたんやって今はわかる。

小学校高学年のとき、喧嘩が強くて有名な学校の男の子らとお母さんつながりで仲良くて、遊び行ったりしとったんよ。そんで「私、あの子と仲いいんやで〜」って見栄張ってたら嫌われたわ。

そんなキモい行動しよったら距離を置かれて当たり前なんやけど、それを「いじめられた！」って言うのはちょっとずるいよな。だれしもキモいとこはあったりするからな。

私もいじめられてから自分の性格が悪いって気づいたw

そうやんな。いじめられたらまず自己分析したほうがいい。「私はこのときキモかった」「こういうことをしたから嫌われた」って分析してから「だったら直そう」って改善していくことで、自己肯定感が育つわけ。

かわいめの女子と仲良いだけで嫌われたので、女性と関わるのは今でもトラウマです

これはいじめられる側に責任がないいじめやな。みんなそのかわいい女の子が気になってて、仲良いお前をいじめることでその女の子との距離を作らせて、自分がゲットしたかっただけやん。ただの嫉妬や。

嫉妬されただけなのに、トラウマだの自己肯定感がどうこうだの引きずるの、ちょっと馬鹿らしくない？「お前らダサ！女と関われんから俺に攻撃してくんねやｗだるｗキモｗ」みたいに思えばよくない？「俺は嫉妬されるような男なんだ」って自信持ったらええやん。

私だって人気の男の子と仲良くしてたとき、小学校の机に落書きされて軽くいじめられたけど「やっぱり男の子と仲良くできる私が羨ましいんやな～」くらいに思っとったで。ただ嫉妬されただけで「女性と関わるのがトラウマ」とか言うのはメンタル弱いな。ちょっと女々しい。

なんだかんだその子とは今も連絡取ってるんで、逆転勝ちと思っていい？

逆転勝ちも何も、お前一生勝ってるやん。かわいい子とずっと仲良くしてて、ひがんだ男にギャーギャー言われただけ。嫉妬の嫌がらせは、いじめですらないよ。

嫉妬って何で起こるか知っとるか？嫉妬はな、自分と他人の境界が結構曖昧になっとるときに起こるねん。「他人が成功すると自分が成功するチャンスを奪われる」って感じて抱く感情なんやって。

だからあまりに相手と自分がかけ離れてると生まれない感情なんやけど、やっぱり自分と近しい人間が成功しているのを見ると、自分の成功が取られたようにな気持ちになってしまうらしい。

　頭がいい人は自分と他人を切り離して考えられるからあんまり嫉妬しないらしいんやけど、賢くない、いわゆる遅れさんはですね、他人と自分の境界がフワッとしてるから、あらゆるものに嫉妬してしまうわけです。「俺がニートで低所得で何もできないのは、アイツが成功しているせいだ」と思ってしまう。そらもう遅れさんです。遅れさんのことは置いておいて、さっさと進みましょう。


　とりあえずいじめられた過去が引っかかっとるなら、なんでいじめられたのか自己分析したほうがいいし、改善するべきだと思うところがあったら改善したほうがいい。

　そしたら「今なら受け入れてもらえるな」って自信がつくし、いじめられっ子を卒業できるやろ。

だからァ……
お前らはおせっせまで
いけないじゃん

―LIFE―
♥♡♡♡♡

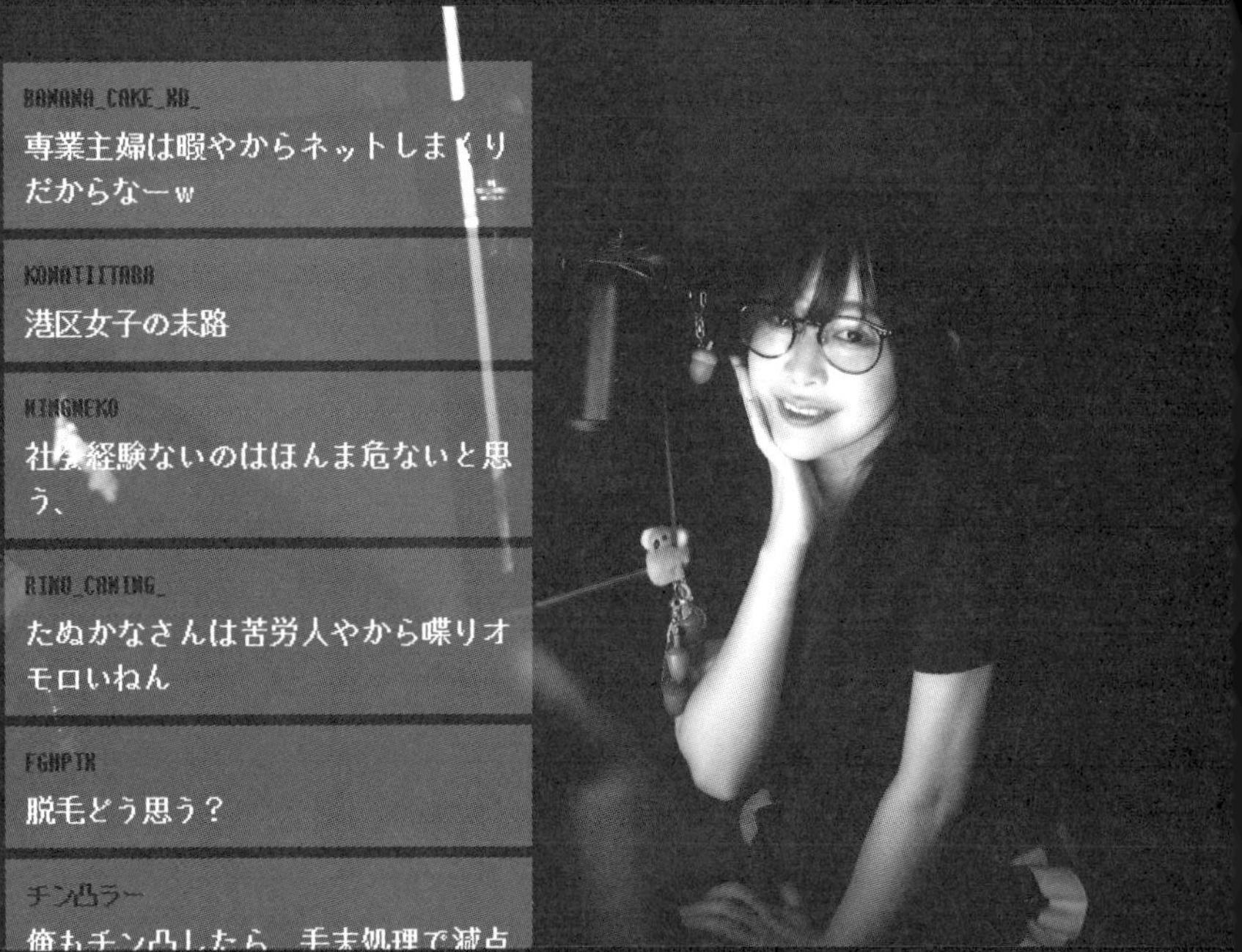

BANANA_CAKE_KD_
専業主婦は暇やからネットしまくりだからなーw

KONATIITABA
港区女子の末路

NINGNEKO
社会経験ないのはほんま危ないと思う、

RIKO_CAMING_
たぬかなさんは苦労人やから喋りオモロいねん

FGHPTN
脱毛どう思う？

チン凸ラー
俺もチン凸したら、手末処理で減点

社会的強者

専業主婦

ブスな女は人生大変だよ

よくそう言うけどさ、ちょっとぐらいブスだったとしても、がんばってお金貯めて整形したらまあまあ綺麗になるやん。今は整形技術が上がってきてるから、うまいこと綺麗になったら人生が超ヌルゲーになると思うよ。女は化粧もがっつりできて、わりと変わるしな。

年取ったらどうすんの？

女はある程度綺麗やったら、何歳になっても拾ってくれる男はおる。小綺麗なおばあちゃんってさ、普通におじいちゃんからモテモテだったりするしな。1回でも金持ちの男を捕まえて結婚しておけば、揉めて離婚したとしても財産分与で金もらって「これはこれでＯＫ」って思えたりするし、努力して綺麗になってそこそこ稼いどる男と結婚したらかなり人生が楽になる。

でも、男は結婚するメリットってあんまないよな。なんでかわかるか？働いてない女と結婚したら、離婚してバリ揉めたとき、最長で10年くらい生活費渡さなあかんかったりすんねんで。女側が浮気とか不倫したとしても、揉めたら自分が金を払うリスクがあんねん。金を取られるうえに親権も取られやすいから、マジでメリットないよ。

＊離婚調停で揉めたりすると、所得のある側がない側の生活費を払わなくてはいけないケースがあります

画面の前に、結婚するのをやめといたほうがいい女が

そう。配信業の女もだいぶ怪しいから、やめといたほうがいい。

元プロゲーマーの女の人は？

それも地雷やからやめたほうがいいと思います。**地雷が自ら「やめとけ」って注意喚起してんねんで。**

悪いこと言わんから、働いてない女はやめとけ。好きだったとしても「俺は形

に囚われないから」とか言うて、籍は入れないほうがいいよ。

うちの奥さんは働いてないけど幸せだよ

そう思えるのは、奥さんがマジでいい人だから。奥さんがうんこ人間だったらホンマに危ないで。不倫されるわ生活費をずっと取られるわ、ヤバいことになりかねんからな。

私もすべての専業主婦を叩いとるわけじゃない。親の金で短大とか行って、特にやりたい仕事も見つからずのらりくらりと卒業して、あんまり働きたくないからとりあえず水商売やって、適当に働いても同い年の男よりかは楽に稼いで、20代後半で焦って金持っとるおっさん客と結婚して、大した社会経験もないまま専業主婦になって「これから一生働きたくない」みたいなことを言ってる専業主婦を叩いてるだけ。

そんなのごく少数

いや、結構おるよ。地方だと、社会人経験がほとんどないままお水やってる三十路女が普通におる。

こうやって恵まれた専業主婦を叩くのは、私の嫉妬でもある。

私は高校に入学するとき、親に「ごめんな、教習所の費用も車代も出してやれへんけん、3年間バイトして貯めてくれ」って言われて、高校1年生から3年生までがんばってバイトしたんよ。焼肉屋とガストとコンビニの3つを週4くらいで掛け持ちしてな。高校を卒業するときも「お金ないけん、お前は大学行かずに働いてくれ」って言われて、しゃあないから「全然いいよ」っつって働きよったんよ。

高校3年間で貯めた金で教習所代払って、中古やけど車も買った。15万円のミラでな、おじいちゃんが乗っとるようなクソ安い車よ。銀色で、窓はハンドルくるくる回して開けるやつ。軽貨物扱いやから後部座席は基本的になくて、3ドア

ミラの次に買った２代目ミラジーノ

で、税金がめっちゃ安いねん。

そしたらさ、親のお金で短大行きよった女友達が新車の普通車に乗って来てさ、「かなの車、なんかおじいちゃんが乗ってる車みたい（笑）」って言われてん。

お前、そのときの私の気持ちがわかるか？憎むだろそんなん！　人生かけて憎んでるで。なめやがってよ。

親ガチャ成功して悠々自適な生活を送り、ハゲるような社会人生活もせず生ぬる～く生きて、結婚した男に稼いでもらって、ぬくぬく専業主婦してる女にな、こっちはえぐい嫉妬してんねん！　10年経っても嫉妬してんねん！

世の中には、そんな女が掃いて捨てるほどおんねん。私はそうなれんかったから、もう悔しくて悔しくて「専業主婦はろくなもんじゃない」って言うしかないやん。そら「専業主婦と結婚するのはやめとけ」って言うわ。言わしてくれよ。

お前ら恵まれてんねん。嫉妬じゃこっちは！

snack TANUKANA
スナックたぬかな
off the record

生物的には専業主婦が圧倒的強者

専業主婦は圧倒的強者です。このご時世、家事や子育てだけすればいい専業主婦になるのを許してくれる経済力とマインドを持った男は超希少。そんな男を捕まえただけで勝ち組じゃないですか。それで子孫も作れたら、生物として強者ですよね。仕事できて稼げる女より、旦那に愛されて、子どももいて、家で家族のごはんを作ってる女がうらやましいですよ。

でも、自分が専業主婦になるのは嫌です。私に稼ぐスキルがなければ専業主婦が一番よかったけど、稼げるからマインドが男になってるんですよね。**生殺与奪の権利を握りたいんで**「**私が支えるからお前が家事しろ**」**と思う。**ただ、まったく仕事してないのはちょっとイラつくんで、自分の小遣い分くらいは稼いでほしい。そしたら家賃も食費も光熱費も全部出します。

奢る奢らない論争が永遠に続いてますけど、稼いでるほうが払ったらいいと思ってるんですよ。何事もできるほうがやればいい。私は稼ぐスキルがあるから金は出すけど、家事スキルはないから家事はやってほしい。逆に相手が私より稼いでるなら相手に払ってほしいし、専業主婦になりたいですけどね。

「払えるほうが払えばいい」って意見は一般的に広まってるはずなのに、自分のこととなると「男のくせに恥ずかしくないの？」って許せない女が多い。「金を払えない男はカッコ悪い」って意見もあるけど、別に恥ずかしいことじゃないですよ。女も「男女平等！」って叫ぶなら、金払いについても平等にしてあげないと男がかわいそうですよね。男女問わず、適材適所でそれぞれが分業していけばいいんです。

ただ私が「払えるほうが払えばいい」と思えるんは、金だけ持ってる男に興味がないからでもあります。ただの金持ち男と一緒にいても楽しくないんで、興味ないです。

自分がお金を持っていれば相手が貧乏でも問題ないから経済力を求めなくなって、一緒にいて楽しいって基準で男を選びやすくなりますよね。私は自分とめっちゃ相性いい人を選びたいんで、まだ狩場で男を探してます。もうちょっと老けてきたら、今ほどおもしろさを重視しなくなって妥協するかもしれないですけどね。

とはいえ私みたいなのはマイノリティーなんで、「自分が男を養ってやる」なんて思えない大多数の女にとっては、専業主婦が最上の立ち位置だと思いますよ。

親ガチャ成功者

私が15万円で買って乗ってたミラを「おじいちゃんが乗ってる車みたい」って馬鹿にした友達がさ、こないだの配信を見てこんなLINEくれたんよ。

ホンマに傷つけてごめんなさい。当時はそんなふうに言ってしまったけど、そこまで思ってると思ってなくて

このメッセージ見て「**まずい**」と思ってさ、電話かけたらこう言われたんよ。

正直、私はぬるい生き方をしてきたって、今になってよくわかる。かなは昔から勉強もがんばっとったし、就職もして、プロゲーマーにもなって、ホンマにがんばっとるから……。本当に軽い気持ちで言ったことで、そんなふうに思わせてしまってごめんなさい

いや、こんなん素直に謝られたらもう、嫉妬で怒り狂ってた私がめっちゃ小っちゃいヤツやんけ！ってなってしもて…なんて小っちゃい女なんやってなってしもて…悲しくなったよ。

やっぱ親ガチャ勝ったやつってさ、お育ちもいいからさあ、裏で悪口言うとかじゃなくて素直に謝ってくんの。ズルない？　なぜそこまで人間性の格の違いを見せつけてくるん？

ほんでな、その子が今は正社員になったんやって。今、1日8時間ちゃんと働いてるんやって。

やっぱり1日8時間働くのはめっちゃしんどいってことが、よくわかった。普通の人はこんなことずっとやってたんやって、私はホンマに楽してきたんやって気づいた。かなが傷つく気持ちもわかったし、つらくなってしまった。ごめんなさい。でも今は私もがんばってるから、かなもそれは知っといてな

とか言われて……。**知ったよ、めっちゃ知った！**お前の育ちがいいのもよくわかった。お前の性格がいいのもめっちゃわかった。**だから、もうこっちをいじめといてくれホンマに！格の違いを見せつけるな!!**

あいつが正社員で働いてもうたらもう叩けないやんけ、どうしたらええんよこっちは。格がちげぇ〜…。

こうなってしまったら私が普通に悪者なんで、謝った。めっちゃ謝ったよ。
「いや、こっちこそごめんなさい。ホンマに配信とかなんで、そのぉ、大げさに言うのが、ほら、受けると思ってて ぇ……実際はそんなこともう全然思ってないんやけど、いや、本当にただの嫉妬で…ごめん、なさいぃ…」
ってなりました。

全てにおいて負けました。申し訳ございませんでした。

チン凸を勝ち抜いたモテチン

脱毛ってどう思う？

外国人はちゃんと毛を処理してる男しかおらんけど、日本人はマジで毛を全く処理してない男が超多いよな。私も「男は毛が生えとるほうがいいかな」と思ってたんやけど、綺麗に脱毛しとる人を見て「生えてないのもいいな」と思った。特に胸とかお腹がモサモサしとるんは、普通の女にはモテにくいかもね。

男のVIOも、チン凸がいっぱい来るから山ほど見比べたけど、毛がないほうが綺麗やな。「この人なんかモテそうやな」って佇まいのチン凸ラーは、毛をうまいこと処理してんの。不自然じゃない範囲に整えてて、太ももとかお腹の毛は全部綺麗に処理してんのよ。全部とは言わんけど、ある程度なくしたほうが綺麗。

医療脱毛じゃなくて、抜くんじゃだめ？

抜くと毛が増えちゃうの。同じ穴から2本3本って増殖しちゃうからダメ。モテそうなチン凸ラーも「VIO以外のムダ毛もすべて医療脱毛してます」って言ってて、**モテるチンコはやっぱ無毛だって思ったね。モテない男のチンコは全部モサモサよ。**もう生まれたまま、何もしてませんみたいな。毛にストパーかかっとんのかってくらい、髪の毛みたいにスンッとした形でしなだれてんの。腹毛がそのままチン毛につながって、さらにモモ毛まで伸びていっとる。タマにもやっぱり生えてるな。

でもタマに生えとる率は50：50かな。アンケートとったらマジで半々やった。タマだけはピカピカな男もおるし、しっかり覆われてますって男もおる。

アンケートとったんか

そう、めっちゃしょうもないけどw

その結果を見て「生えてる人も半分いるんだ」って安心しとるヤツもおったし、逆に「生えてないの!?」ってたまげてるヤツもいたな。「タマげた～」って言ってたね。

……おい、笑うとこやぞ。

ぬくぬく専業主婦してる女にな、
こっちはえぐい嫉妬してんねん

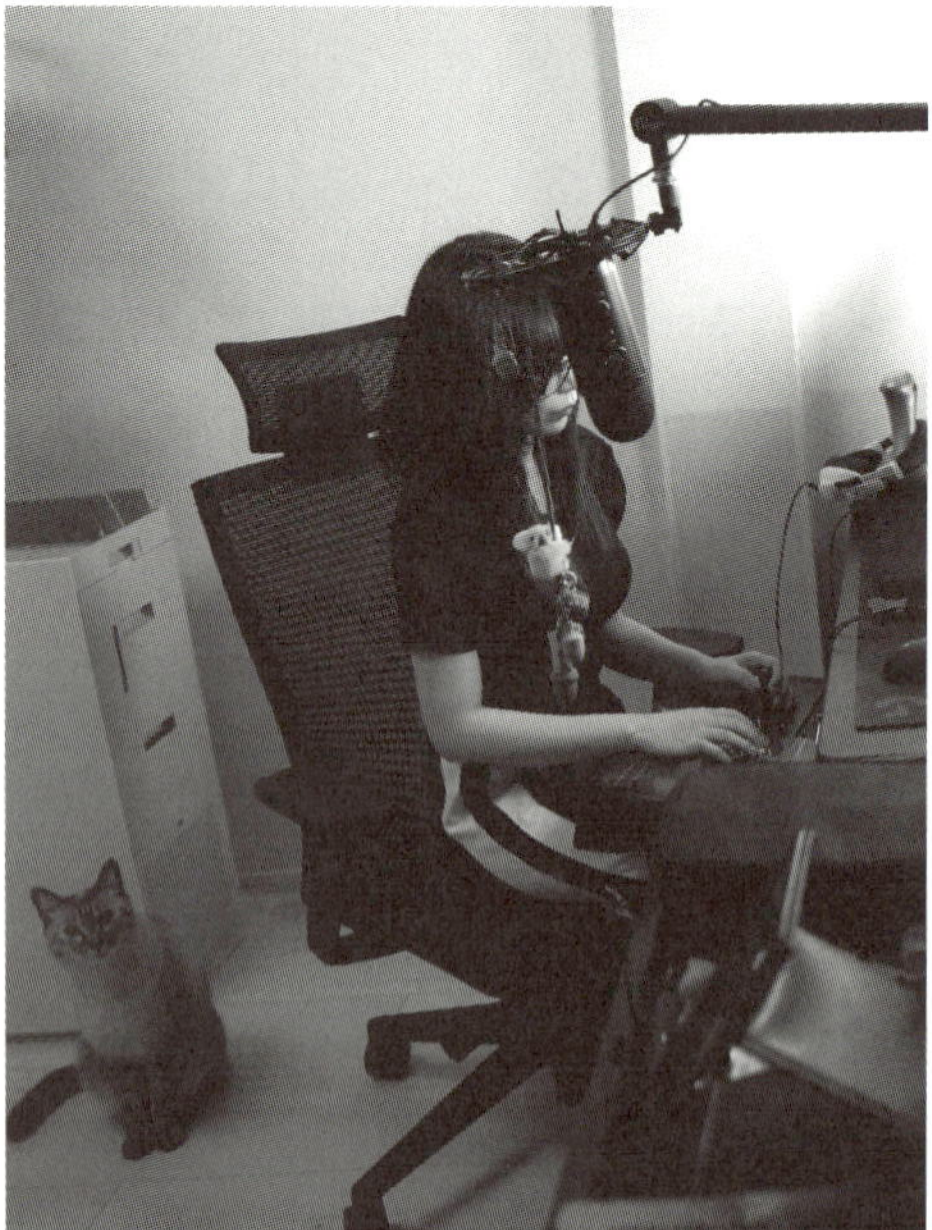

—LIFE—

♡♡♡♡♡

たぬかな

田舎女、穴モテとセクハラを経てプロゲーマーへ

徳島の田舎で生まれて「かわいい」と言われながら育った。正直、男に困ったことはない。東京の女子高生みたいに垢抜けていたわけじゃなく、ろくに化粧もできない黒髪パッツンの芋女だったが、それぐらいの手が届きそうな女が一番モテるのだ。この性格のせいで友達はほとんどいなかったけど、高校に入学したら先輩がクラスに覗きに来るくらいにはモテた。

鉄拳にハマったのも高校時代だ。高校は建築科で、男ばっかりだった。マイホームを作る建築ゲームにハマったのと、じいちゃんが建築士だったこともあって建築科を選んだ。クラスメイトの男子と一緒にゲーセンに行って、鉄拳に出会った。普通は1プレイ100円だけど、チャリで45分かけて1プレイ50円のゲーセンに通うくらいにはハマった。

鉄拳好きな女子高生3人組でゲーセンに通うようになってから〝オタサーの

姫〟と化し、オタクじゃない彼氏と付き合いながらオタクたちにチヤホヤされる生活も満喫した。初めて参加した鉄拳の大会でおっさんたちに忖度され優勝し、地方のゲーセンにも遠征して地元の鉄拳勢と対戦し、ファミレスで交流を深めた。

社会人になってからも鉄拳の大会にちょくちょく出て、バンダイナムコゲームスのお偉いさんと仲良くなった。当時は配信文化がまだなくて、活動者になりたいとは思っていなかった。

女は愛嬌だと熟知している分、取り入る力はある。自分からお偉いさんに「今日はありがとうございました〜！」と挨拶し、顔を覚えてもらった。周りの鉄拳勢はいかついおっさんばかりだから若い女ってだけで目立ったし、そこそこしゃべれるし、無下にされない自信があった。若い女のわりに強かった私は、すぐに認知してもらえるようになり、鉄拳の仕事が舞い込むようになった。

最初の仕事は、鉄拳の20周年記念イベント。まだプロゲーマーじゃなかったうえに鉄拳のイベントに出る女なんてほとんどいなくて、ネットでは「枕でイベントに出た女」「お偉いさんと寝た女を出すな」とめちゃくちゃに叩かれた。ゲームは実力の世界だし、出場したプレイヤーの中では一番弱くてボコボコにされたし、女という希少価値で参加できたことは理解していたから「枕だと思われてもしょうがない」と割り切った。

そのとき初めて「ブス」と言われた。不特定多数から雑に「ブス」と殴られるのはさすがに傷ついたけど、現実世界ではずっとモテてきたから「ブスって言うてるだけで、実際に会ったらブスなんて思わんやろ」と思うことで何とか精神のバランスを保った。

それから海外イベントにも参加するようになり、24歳でプロゲーマーチームのテストに受かってプロゲーマーになった。

プロゲーマーになる前は普通の社会人だった。いや、底辺社会人だったかもしれない。高校を卒業してすぐに入った設計事務所は、建築業界の闇を煮詰めたようなブラック企業だった。

タイムカードも押さずに毎日15時間労働して、残業時間は月200時間、残業代は時給150円、手取りは月12万円の超ブラック企業。土日休みと聞いていたのに休日出勤は当たり前で、セクハラ当たり前のヤバいおっさんばかりだった。座る瞬間に椅子をサッと引かれて尻もちをつき、痣ができた。「これって労災下りますか？」と聞いたら「ちゃんとお尻の痣を撮ってきなよ」と笑われた。ストレスで髪の毛がごっそり抜けた。

衝撃なのはおしっこを漏らすようになってしまったこと。何の前兆もなく突然漏らしてしまうから対処のしようがない。お茶汲み中にもよおして、あわてて我慢したもののポタポタ垂れる、なんてことは日常茶飯事だった。

ある日の仕事終わり、駐車場へ向かう道中で盛大に漏らした。ローファーの中に溜まったおしっこをジャーッと捨てる惨めさと言ったら！「女なのに、なんでションベン漏らしてんやろ」と思いながら運転席に作業服を敷いて帰った。玄関でオカンを見た瞬間に号泣してしまい、そのまま連れていかれた病院で鬱と診断された。

限界を感じた私は社長に辞職すると伝えた。社長は社員には薄給しか渡さないくせに、ランボルギーニに乗って出社し、社長室に山ほどロレックスを飾ってるような搾取男だった。「人間関係の悩みとか、そういうのは甘えだから。せっかく雇ってやったのに」とさんざん文句を言われたけど、決死の思いで辞めた。

退社直後は「やっぱり私が甘いんかな。働き続けたら、何か変わったんかな」とブルーになったものの、みるみる回復して元気になった。それからすぐに社長は水増し請求で逮捕され、会社は倒産した。

今でも出勤する途中で渋滞にはまって遅刻しそうになる夢とか、セクハラ上司と2人きりになって肩を抱かれる夢を見るくらいにはトラウマだ。


退職後はラーメン屋とレンタルビデオ屋とパチンコ店を掛け持ちするフリーター生活を送ってから、ユニクロの正社員になった。仕事は楽しかった。裾上げを担当し、社内テストに受かって昇格も昇給もした。経済的にも肉体的にも余裕ができて、骨をうずめるつもりで働いていた。

でも、プロeスポーツチームの「鉄拳1名募集」という広告に心を奪われた。すでにセミプロとして鉄拳イベントに登壇していたし、ゲーム成績も高ランクだったのですんなりと合格した。チームに所属する条件が本拠地の大阪に住むことだったから、迷った末にユニクロを辞めて引っ越した。

プロゲーマーになったばかりの頃、というか炎上するまでは今ほど口が悪くなかった。内心で何か思っても、それを口にはしなかった。一応綺麗売りだったし、騒ぐにしても「ギャーやめてよー」くらいのかわいいもんで、少なくとも暴言は吐かなかった。

炎上する1年前くらいから所属チームに「配信をやれ」と言われ、配信を始めた。最初は鉄拳のゲーム配信をしていたけど、あまり人が集まらない。ゲームをせずにだらだら雑談していたら人が来るようになった。逆にゲーム配信をすると人が減ってしまう。プロゲーマーなのにゲーム配信を求められていないのが悲しく、キツかった。毒舌トークをすると受けが良く、少しずつキャラを尖らせるようになった。

実力不足を憂う気持ちはあれど、振り返ればこのときが一番幸せだったんじゃないかと思う。もっと有名になりたくて、上しか見ず、夢に溢れていた。

私より強い男性プロゲーマーが山ほどいるのに、私のほうが金をもらえて、「日本で2番目にプロゲーマーになった女性」とメディアに取り上げられて、大した顔でもないのに美女と言われて、自分はすごい人間なんだと驕っていた。

だから炎上した。

炎上という正規ルート

炎上は突然だった。

30人くらいしか見ていないない配信で、低身長のウーバーイーツの配達員に自宅でナンパされた話をした。とにかく気持ち悪かったから、配信ゆえのサービス精神で「身長１７０㎝以下の男は正直人権ないんで」と強めに発言した部分が切り抜かれ、ＳＮＳで瞬く間に拡散された。このご時世、人権という言葉はまずかった。本当に人権がないと思っているわけはなく「恋愛対象じゃない」という文脈で使った言葉だったが、ネットじゃそんなことは関係ない。

今ほど毒舌キャラじゃなかったし、人気もなかったし、ゲーム勢の「中途半端な実力のくせに偉そうな女ゲーマーを俺たちの手でクビにしてやる」といったヘイト感情も集めやすかったんだと思う。

テレビのワイドショーでも取り上げられた。罪のない人をひき殺した上級国民よりも私にスポットライトが当たった。小学校教諭が女子生徒に暴行した事件もあったのに、私のニュースに尺が与えられた。そのほうが視聴率を取れるから。

実家も特定され、見ず知らずの男たちから嫌がらせの電話がたくさんかかってきた。オトンや弟が出ると無言でガチャ切りするのに、オカンやばあちゃんが出ると「謝罪しろ！」と執拗に責め立てる。家族からは心配されたけど、強がりな私は平気なふりをしてしばらく帰らなかった。

ゲーム界隈でも巻き込み事故が多発した。まず、同じチームのメンバーが「たぬかなの炎上ヤバいｗ」と空気を読まないアホツイートをして飛び火。ほかにも私に言及したプロゲーマーは次々に燃え、死屍累々の地獄絵図。ゲーム界隈では「たぬかなには絶対に触れるな、名前も出すな」と接近禁止令が出て、私は一夜にしてウォルデモートになってしまった。当然スポンサー契約も解除され、無職になった。

すべてがつらかったけど、一番つらかったのは周りにいたはずの人が消えていったこと。ゲーマーたちは巻き込まれたくないから、私を擁護しない。それはわかる。所属先から「たぬかなに触れるな」と言われている事情も理解してる。でも、本当に誰も助けてくれなかった。

仲が良いと思っていたゲーマーにフォローを外された。信頼していたゲーマーに「秘書の仕事があるから」と紹介された企業はＡＶ会社で、５０００万円で出演オファーされた。そのあとも怪しい案件を紹介してきた。

ネットでは「ＤＭでたぬかなが働いている風俗店を教えます」とデマを流し

て小銭を稼ごうとする人間も、それを買う人間もいて、コラ画像が出回っていた。パパ活の誘いも掃いて捨てるほど来た。「美女ゲーマーなんてもてはやされていたけど、自分はこんな扱いをされるレベルの女だったのか」と自尊心がズタボロになった。

みんなは私の人間性じゃなくスペックが好きなだけだったんだと思い知らされ、自分は助けてもらえない人間なんだと突きつけられた。ゲーム界隈とは関係ない友達だけが「かなちゃんが本当に死んだらどうするんよ」と泣いて心配してくれ、強張っていた心がゆるんで涙が落ちた。でも、泣いたのはその1回きりだ。泣いてやるものかと思っていた。

それから1年間、私はネットから逃げて雲隠れした。起きて、食べて、ゲームして、寝る。そんな廃人生活を半年は続けた。そのとき何を考えていたかと聞かれても、何もない。虚無だ。とにかく喪失感がすごくて、病んでいた。将来を考えると不安になるので、なるべく頭を空っぽにしてゲームに没頭した。

半年後、とりあえずの生活費を稼ぐために銭湯掃除の深夜バイトをして、四谷のガールズバーでも働いた。家ではやはり何も考えず、ゲームで時間を潰した。

でも、悪いことは重なる。炎上した年の暮れ、オトンが死んだ。酒とたばこを愛してやまないオトンは、医者の警告を全無視してガンになった。一度手術をして持ち直したが、転移してしまった。「オトンが危篤や」と連絡が入り、慌てて徳島に帰った。

炎上前、オトンは「お前は調子に乗っとる。いつか足元をすくわれるぞ」と予言していた。予言どおり足元をすくわれ憔悴している私に遺した言葉は「嫌がらせの電話かけてくるようなしょうもないヤツに負けんな。ピンチはチャンスやから、がんばれよ」だった。最期に見せたのが無職の自分だったのがくやしいけど、おかげで死ぬまでの2か月間は介護をしながら一緒に過ごせたし、踏ん張ろうと思えた。

ただ迷惑なことに、オトンの借金も残っていた。3か月以内に500万円支払わないと実家が担保に取られ、オカンとばあちゃんの住む場所がなくなってしまう。実家の資産価値を考えれば500万円払ったほうが絶対マシだが、

500万円を用意できる人間はいなかった。ばあちゃんは「100万円でガンを治す祈禱ができる」とのたまう新興宗教にお布施をし、オトンとほぼ同じタイミングで死んだじいちゃんは「なんでお前らに金残さなあかんねん」と生命保険を解約し、金を使い果たしてから死んだ。突然無収入になるなんて思っていなかった私も、毎日ウーバーイーツを頼んでタクシー移動をしていたので貯金はなく、我が家は惨憺たる有様だった。

たった3か月で500万円稼げる可能性があるのは私だけだ。「稼げるかわからんけど、ちょっと1回トライしてみるわ」と宣言し、その2日後に顔出し配信をした。炎上から、ちょうど1年が経っていた。

当初は今ほどの毒舌じゃなかったけど、謝罪はせず「やっぱりチビはカス」と開き直った。炎上後に謝ると「謝ってる人間は叩いてもいい」と認識されてよけいに燃えるが、謝らずに貫くとなぜか好感度が上がる。「もしかして謝罪するとか思ってます?謝るわけないだろ。全員死ね!」くらいの勢いで振り切った。

そもそも、無職になったことで禊はもう済んでいる。私を叩いてやろうと寄ってきた視聴者もいたけど「お前らのおかげで無職になったで。ここまでしといて何が謝れやねん。やっぱお前らめっちゃ性格悪いな」と自虐で切り返すと「確かにやりすぎたな」という雰囲気が漂った。

借金返済のために投げ銭を増やす努力はした。私が使っている配信サイト「Ｔｗｉｔｃｈ」では、人気の女性配信者は胸を強調した露出ファッションで、投げ銭に応じてやたらと乳を揺らしていた。そこまでの露出は厳しかったが、谷間が見える服を着て、１０００円ぽっちの投げ銭でジャンプして乳を揺らした。そんな稼ぎ方はしたくなかったけど、綺麗売りする余裕はなかった。

畳みかけるようにトークするうちに内面を評価する好意的なコメントや投げ銭が増え、同接（最大同時接続数）が３０００あれば上出来だと言われているなか８０００も集まり、初回にして「これなら５００万円稼げるかも」と手ごたえを感じた。配信が不発だったらあきらめようと思っていたけど、稼げたので続けようと決めた。

配信する前は特に緊張しなかったし、話す内容すら決めていなかった。でも、配信を切った途端にぐったりきた。自分では気づいていなかったが、無意識下に

「配信しても人が来ないんじゃないか」「しゃべっても見向きもされないんじゃないか」「炎上した惨めな人間だと思われるんじゃないか」といった不安があったらしい。

炎上で誹謗中傷には慣れても「おもしろくない人間」だと思われるのは怖い。誹謗中傷は「言ってるだけ」と流せるけど「つまらない」と思われるのはどうしようもなく堪える。これは今でも変わらない。

だから「おもしろい人間」だと思われるように努力している。みんな気持ちを代弁してほしがってるから、あえて時事ネタにちょっと切り込んでみたり、そんなに好きじゃない下ネタを話してみたり、リップサービスもして〝おもろいたぬかな〟を維持している。ＤＭのチン凸にも応じたのも努力の一環だ。いきなりチンコを送り付けてきて「採点してください」と言われることが多かったので、一人１０００円でチン凸採点することにしたら１５０本ものチンコが送られてきた。見たくもないイチモツを、ちゃんと採点してやった。（もうやってないから送ってこないでください）

〝たぬかな〟が受けたのは、ゴリゴリに喋れる女配信者が少なくて希少価値があったのと、元プロゲーマーって背景があったから。少々しゃべれる一般人が出てきたところで見向きもされないが「スポンサーがついていた元プロゲーマー」と知れば権威性を感じる。ゲームスキルにトークスキルが加わってようやく若干の尊敬が生まれ、私の話を聞くようになる。さらに炎上を経験して辛酸を舐めたエピソードからリアリティが伝わって「コイツは嘘をついていない」って好感度が出てくる。

炎上時は4万8000人だったXのフォロワーは休止中に4万1000人まで減っていたが、配信者として復帰してから増え続け、今では24万人まで伸びた。500万円の借金は半年で完済でき、完済直後の誕生日配信ではさすがに泣いた。

ただ、人気が出て稼げるようになっても、すべて回復するわけじゃない。炎上してから人間不信になった。炎上中は音沙汰なかった人間が、復活してから「今度飯に行きましょうよ」と笑顔で誘ってきて「死ね」と思った。炎上後に初めて会った人間は下心で仲良くしたがっているのか、純粋に仲良くしたがっているのか見分けがつかない。だから全員疑うしかなくて、大体の誘いは断る。今でも仲良くしているのは炎上前から仲が良く、炎上中も遊びに誘ってくれた友達だけだ。昔は誘われたらフットワーク軽く出かけていたけど、今は他人の好意を素直に受け取れなくて、歪んでしまったと思う。

復帰して配信を始めたときは本当に「全員死ね」と思っていた。あんだけ叩いといて何をおもろがってんねん。私を叩く人間も、投げ銭する人間も、全員死ね、と。

でも、もう「死ね」とは思っていない。配信を続けていくなかで、ゆっくりお前らを理解していった。お前らもいろいろつらいよな。炎上直後は私のほうがかわいそうやったからお前らを呪っていたけど、今は私のほうがちょっと恵まれてるから多少慈しんでやらんでもない。

金の余裕ができれば心の余裕ができる。金があれば優しくなれるし、人類の悩みは金でほぼ解決するとも思う。人間不信だから新規の男とどうこうなる気持ちにはまだなれないけど、金があれば卵子凍結くらいはできる。活動しているうちはちゃんと稼ぎたい。

ただ、稼げれば何でもいいとは思わない。乳を揺らして食う飯はうまくなかった。そんなんで稼いだ金は欲しくなかった。生活がギリギリだったからやっただけで、金欲しさに乳を揺らす自分はすごく嫌だった。


炎上なんてろくなもんじゃないけど、私の人生では正規ルートだった。炎上してから友達に「優しくなったね」と死ぬほど言われる。炎上前は「金は出してやるけん、さっさと来いや」なんて命令するくらい、本当に性格が悪かった。


でも、それが直った。人間そうそう変われないけど、一気に変わった。人間としてのレベルが上がった。

炎上してほとんどの人が離れていっても唯一そばにいてくれた友達は、最近こう言ってくれた。

「私はかなちゃんがプロゲーマーだったから好きなんやないよ。お金持ってるから一緒におるんじゃないよ。そんなんじゃなくて、かなちゃんやから一緒に遊びたいんよ。人としてちゃんと好きなんよ。だからプロゲーマーだったときのかなちゃんは言動がちょっとキツかったたし、嫌やった。相席屋に行ってタダでごはん食べたり、めちゃくちゃ安いカラオケ屋でドリンクバーも頼まずに水だけ飲んだり、そういう貧乏活動を一緒にしてくれるかなちゃんが一番好きなんよ」

　そうだったんや、と驚いた。泣いてしまった。


　金や地位じゃ、人に好かれない。私はずっと女に好かれない人生で、女友達がほとんどいなかったから、好いてもらう自信がなかった。だからフォロワーが数万人いて金を持ってるプロゲーマーの自分を見せつけて「こんな私と一緒におれて幸せやろ」って態度で接していた。金も地位も関係なく一緒にいてくれたのに、そんな気持ちを踏みにじってしまった。

　ずっと私を大事に思ってくれていた人を、なんで信じなかったんだろう。ずっと私たちは対等だったのに、なんで下に見たんだろう。そんな自分だったから炎上したんだと、今は思う。たとえ「１７０㎝以下は人権ない」と言わずとも、内面は態度に出て伝わるものだから。

今はちゃんと友達にも謝れるようになって、まともな人間関係を築けるようになった。炎上の理不尽さに吠えていたけど、なんだかんだ自分の欠陥を直せて、人生がいい方向に転じた。

だから炎上は正規ルートだったと思う。炎上することはあらかじめ決まっていて、そこから人として成長することも決まっていた。ご都合主義に聞こえるかもしれないけど、人生にはそういう必然性がある気がする。

長々とお気持ち表明したが、別にお前らに私を解ってもらいたいわけじゃない。私の中でこれは言うなれば記録なので、お前らの感想は割とどうでもいい。しかし、活動している限りはおもしろさを届けられる人間でありたいと思うので、もしこの本がおもしろかったら応援よろしくぅ！ 配信リアタイしてな！

人間万事塞翁が馬、人生は何が起きるかわからん。炎上して無職になって親が死んで借金背負って「もうこれ無理ちゃう？」と思っても、たった1年で（ある程度）人気者になれたり稼げたり、なんと本を出せたりすることもある。「死ね」と呪った人を許せる…までには至っていないがw

もし今お前が死ぬほどキツくて人生のドン底でも、当時の私よりキツいヤツはまあおらんと思うので、まずは首吊る前に〝いい人〟を辞めて、一回カスになって開き直ってみてほしい。

私はそれでいまのところ、そこそこ楽しいです。

本書をご購入いただき大変ありがとうございました。
2024年購入者限定特典はこちらからお申し込みください。
＊2024年12月31日締切
https://www.seitenbooks.com/tanukana-form/

たぬかな

1992年11月21日生まれ、徳島県出身。23歳で日本人で2人目の女性プロゲーマーになり、アメリカで開催された世界最大規模の格闘ゲーム大会「ComboBreaker 2017」の鉄拳部門で3位に。2022年、配信での発言が問題視され所属していたプロゲーマーチームを解雇される。2023年、ライブ配信プラットフォーム「Twitch」で配信を再開し、毒舌配信で話題（物議）を呼ぶ。Repezen Foxx主宰のesportsチーム「NOEZ FOXX」にも所属。(X @kana_xiao)

社会的弱者との生配信ルポ

発行日　2024年11月15日
著者　たぬかな
編集　秋カヲリ
デザイン　古谷哲朗 (furutanidesign)

発行所　星天出版
https://www.seitenbooks.com/

印刷・製本　株式会社シナノパブリッシングプレス

たぬかな書籍限定グッズ

右下のQRコードかURLよりご購入ください▼

直筆ロングTシャツ

たぬかな直筆のエールをプリント。虚勢を張らずに胸を張れる弱者向けロンT

①小さき猿山のボス

②誇り高きデブ

プロマイド

「エロい・かわいい・きれい」
の3枚セット